JN293336

WIZARD

ザFX

通貨トレーディングで儲ける基礎と応用

キャシー・リーエン【著】 長尾慎太郎【監修】 井田京子【訳】

The Little Book of Currency Trading
How to Make Big Profits in the World of Forex
by Kathy Lien

Pan Rolling

The Little Book of Currency Trading : How to Make Big Profits in the World of Forex
by Kathy Lien
Copyright © 2011 by Kathy Lien
All Rights Reserved.

Japanese Translation published by arrangement with John Wiley & Sons International Rights, Inc. through The English Agency(Japan)Ltd.

【免責事項】

FX（および先物）のトレーディングは高いリスクを伴い、相当額の損失を被る可能性があるため、すべての人に向いているわけではない。また、過去のパフォーマンスが将来の結果を示唆しているわけではない。本書に書かれている意見、ニュース、資料、分析、価格、それ以外の情報は、マーケットに関する一般的な説明であり、投資の助言ではない。キャシー・リーエンは、本書の情報を直接的または間接的に使ったことで発生した損失や損害や利益の喪失やそれ以外のあらゆる損失に対する責任を負うものではない。マーケットが動くたびに、本書の内容はいかなる時点でも予告なしに変わる可能性がある。本書の唯一の目的は、トレーダーが自分で投資判断を下す手助けをすることにある。キャシー・リーエンは本書に正確な情報を掲載するための適切な処置を講じている。本書の刊行時点で、著者はグローバル・フューチャーズ・アンド・フォレックス・リミテッド（GFT）の一部門であるグローバル・フォレックス・トレーディングの共同部門長を務めている。ただ、本書はGFTの業務とは別に書かれたものであり、GFTは本書の内容に関して何ら権限を持たず、著者が本書で表明した意見はGFTのそれと必ずしも一致するものではない。

監修者まえがき

本書はキャシー・リーエンによる“The Little Book of Currency Trading”の邦訳である。ところで、外国為替市場（以下、“FX”）は、以前は特定の限られた人々、例えば輸出入を行う企業の財務担当者や外国為替銀行のディーラー以外には、一般に縁のない世界であった。しかし、近年は外国債券や外国株式に投資する人が増えてきたことにより、個人投資家の間でもFXのリスクに関する意識が高くなってきた。FXの証拠金取引はそうした時代に登場したのである。

もっとも、本来FXは株式や債券といったアセットクラスとは異なり、積極的に投資を行う対象ではないことから、それの最も正しい利用法は自分が持っているエクスポージャーのヘッジである。しかし高レバレッジが掛けられるという特徴ゆえに、それを言わばギャンブルの対象としてみる大勢の人々がFXに引き寄せられ、その結果、FXの証拠金取引においてごくわずかの成功者と非常に多くの敗者が生まれたのである。

さて、FXは基本的にはゼロサムゲームである。そして大多数の期間におけるリバーサルと、ごく少数の期間におけるトレンドという、ほかのアセットクラスとはかなり異なるリターン特性を持っている。そしてそれは往々にして、「少しずつ稼げて勝率は高いが、あるとき一気に大きな損失を被る」という損益推移を投資家に強いることになる。つまり、FXは精神的な油断が失敗につながりやすいマーケットであるとも言える。

だが、それでも攻略の方法はある。FXのトレードにおける収益ファクターは一般に、①トレンド、②キャリー、③イベント——の３つである。前の二者はヘッジファンドなどの機関投資家に好まれるファクターであり、最後のイベントは著者のリーエンが得意としているように、小口の投資家に好まれるファクターである。本書にはイベントトレーディングを中心として、FX取引のイロハが解説してある。もし読者がFXをアクティブにトレードしたいと考えているならば、本書は恰好の手引書のひとつとなるだろう。

翻訳に当たっては以下の方々に心から感謝の意を表したい。翻訳者の井田京子氏は丁寧な翻訳を実現してくださった。そして阿部達郎氏にはいつもながら丁寧な編集・校正を行っていただいた。また本書が発行される機会を得たのはパンローリング社社長の後藤康徳氏のおかげである。

2011年８月

長尾慎太郎

私の家族と愛する人たち、そして私にインスピレーションを与えてくれたすべての人たちに捧げる

まえがき

私は、これまでずっと幸運に恵まれてきた。私が10歳のとき、母が好きだった香港のアーチストがアトランティックシティーで引退コンサートを開催した。1000人以上の観客が詰めかけたそのコンサートで、アーチストがこれまでの活動にちなんだ記念の品をプレゼントするというサプライズがあった。そして抽選で豪華なアンティークの腕時計を引き当てたのが、なんとこの私だった。もちろん歓喜のあまり大声で叫んでしまった。それから何年かたって、私はハワイ旅行の抽選にも当たった。弱冠18歳で大学を卒業すると初めて受けた会社に合格し、ITバブルが崩壊する前に株式市場から撤退し、23歳で理想の男性に巡り合い、世界的な金融危機の最中でさえ失業しそうになったことは一度もなかった。

幸運の女神は今でも私にほほ笑みかけている。ただ、私はこれに甘えていたわけではないし、運だけで現在の地位を手に入れたわけでもない。普通ならば高校を卒業する年齢だった私にニューヨーク大学スターン経営大学院が卒業を許可したのは、運が良かったからだけではない。賢くて勤労意欲があり、チャンスを見逃さずにそれをつかみ取る方法を知っていることも、幸運であることと同じくらい重要なことだった。言い換えれば、運と能力の両方が必要なのであった。

この２～３年間、私たちは金融危機に直面した。多くの人が資産を失い、その多くはまだ回復できていない。大きな損失を被らずにすんだ人たちは幸運と言っていいだろう。ただ、彼らは本当に運だけで生き延びたのだろうか。実際には、金融危機の間にかろうじて生き延びたどころか、大成功を収めた人もいるのである。危機に見舞われたときに、自分のお金が消えて行くのをただぼうぜんと眺めるだけの人もいれば、目の前のチャンスを積極的に利用しようとする人もいるのだ。カギとなるのは、これらのチャンスを見つけ、それをつかみ取る方法を知っているかどうかなのである。

金融市場の上昇や下落を利用して資産を増やす方法として、通貨投資の人気が高まっている。2004年から2010年の間に、FX市場の１日の取引高は１兆9000億ドルから４兆ドルへと２倍以上に増えた。ITバブル以前のFXトレーダーといえば、機関投資家やヘッジファンドや一部のお金持ちに限られていた。しかし、FXのブローカーがオンラインのプラットフォームを構築したことで、個人のトレーダーもFX市場に容易に参加できるようになった。それ以降、FXトレーダーの数は増加の一途をたどり、今後もそれは続くと思われている。すでに多くの人がFXトレーディングを始めている。この機会にその人気の理由を知っておいても損はないだろう。

FXの動きは私たちみんなの生活に何らかの形でかかわっている。FXトレーディングの経験がある人でも経験がない人でも、通貨を売買したことはあるはずだ。外国旅行をしたり、イーベイで外国から商品を買ったりすれば、それは通貨を売買したことになる。もしあなたが中小企業を経営していて外国から輸入した製品を売買するときには、実質的にFXをトレードしていることと同じことになる。

なかには、投資先がアメリカ株だけなので、FXトレードについて知る必要はないと思っている人もいるかもしれない。しかし、今日ではそうも言ってはいられない。例えば、もし投資先の企業が海外に事業展開していたり、外貨の売掛金や買掛金があったりすれば、株主のあなたも為替リスクにさらされているのである。つまり、トレーダーや投資家は通貨レートを常に気にし、その通貨の価値を知っておくことが重要なのである。

もちろん、FXトレーディングが急増した理由は、通貨を追いかけている人たちばかりにあるわけではない。投資家やトレーダーは、投機、ヘッジ、投資、それ以外の取引などさまざまな理由でマーケットに参加している。

FXトレードにはさまざまな方法がある。トレーディング初心者に勧める方法のひとつに、よく知っている通貨を選ぶという方法がある。株価に影響を及ぼす金融市場の大きな出来事やニュースは、為替相場にも影響を与えることが多い。もしある国の経済に悪影響を及ぼしたり、外国人投資家が神経質になったりするようなニュースを耳にしたら、投資家がパニックを起こしてその通貨を投げ売りする可能性がある。人はパニックに陥ると、真相を調べる前にまず売ってしまう。また、大きなニュースであれば、通貨に与える影響は長期間に及ぶかもしれない。本書の目的は、このようにニュースからトレード機会を探す方法を紹介することにある。

通貨は、一方向にかなり長い期間動くことがある。本書では、私が考案したツールを使って通貨がトレンドを形成しているのか横ばいなのかをはっきりと示し、それによってトレンドに乗るチャンスを探す方法や、天井や底を判断するタイミングを紹介していく。経験豊富なトレーダーは、トレードをうまく管理することが最適な仕掛けポイントを探すのと同じくらい重要だということを知っている。本書でも、トレードを管理して勝ちをつかむ方法について述べていく。

FX市場には、ほかの市場にはない特徴があり、それだけリスクも高い。本書では、このリスクを管理しながら最善のトレードを行う方法も紹介していく。トレーディングを運だけに頼るのは危険なことで、できるだけ多くのことを考慮して選ぶべきだと私は考えている。通貨トレードでも人生でも成功を収めるための秘訣は真剣に取り組むことである。トレーディングも、娯楽としてではなく、仕事と同じように取り組んでほしい。

FXトレードが本当にうまくできるようになるためには練習が必要だが、労働意欲が高いことも助けになってくれる。

通貨市場に関する知識と、優れた戦略と、堅実な資金管理と少しばかりの運があれば、FX市場で成功する道は開けてくるだろう。

第1章

When Lightening Strikes
Financial Crisis and the Rise of Currency Trading

雷に打たれたとき
――金融危機と急増するFXトレーディング

あなたの知り合いに、雷に打たれた人はいるだろうか。しかも、２回打たれた人といったらどうだろうか。国立測候所によると、ある人が１年間に雷に打たれる確率は75万分の１だという。その確率ならば、雷に打たれるのは極めてまれなことであり、２回となればなおさらだ。

ただ、雷が周辺で最も高い場所に落ちることを考えれば、同じ場所に何度も落ちることもそう珍しいことではないのかもしれない。そこで、高層ビルの最先端には、雷を誘導して、その衝撃を吸収するために避雷針が設置されている。

避雷針が雷を引き寄せるように、金融市場は欲望を引き寄せ、それがいずれ災難を呼ぶ。金融市場では、条件がそろっていれば、雷が落ちるような災難に見舞われることが人生で一度以上はあり、投資家はそれに備えておかなければならない。

ナシーム・ニコラス・タレブは2007年、のちに話題になった『ブラック・スワン――不確実性とリスクの本質』（ダイヤモンド社）を執筆した。タレブによれば、黒鳥の出現は極めてまれな出来事で、人々を驚かせ、大きな影響を与えたが、しばらくすると、それはすでに予想されていたことのように思われ、当然のこととして扱われるという。残念ながら、黒鳥の出現のような出来事が最近多発しているのは周知のとおりである。投資家にとって大事なことは、経済バブルが限界点に達したとき、危機に瀕した資産を守るためにリスクを回避することであり、できればその出来事をも利用したい。実際、世界的に有名な投資家のなかにも、みんながパニックを起こして市場から逃げ出そうとしているときに莫大な資産を築いた人物が２人いる。

そのひとりはジョージ・ソロスで、彼は62歳のとき、イギリスが進めていた高金利政策には無理があると考え、ポンド安になることに賭けた。当時のイギリスは、ERM（為替相場メカニズム）を維持するためにポンドの相場を特定の水準にとどめる必要があった。しかしソロスは、イギリスが不景気と高い失業率によってERMを脱退せざるを得なくなり、金利は下がると確信していた。そこで彼はその考えを実行に移した。100億ポンドという莫大な資金を使ってあらゆる手段でポンドの空売りを仕掛けたのである。もちろん、このときポンドを売っていたのはソロスだけではなかった。そして、投機売りの増加でイギリスがERM脱退を余儀なくされると、ポンドを保有しようという人はいなくなった。ただ、ソロスはほかの投資家とは違った。みんなが防御的な姿勢で必死にポンドを売ってエクスポージャーを減らそうとしていたのに対して、ソロスはイングランド銀行が敗北を認めるまで攻撃的にポンドを売り続けたのである。そして１カ月後、ソロスが率いるクオンタムファンドは約20億ドルの利益を手に入れた。

金融界における伝説の人物の２人目は、ジョン・テンプルトン卿である。ただ、彼の手法はソロスとはまったく違っていた。

世界最大の株式ファンドであるテンプルトン・グロース・ファンドを創設したテンプルトン卿は、信仰心が厚く、根っからの逆張り派だった。彼は暴落のときに買うのが好きで、参入するのはいつもマーケットが「最も悲観的なとき」だった。例えば、1978年に米自動車メーカーが倒産の危機に瀕していたときにはフォードを買い、1980年代にペルーで共産主義ゲリラが台頭してきていたときには資金をつぎ込んだ。ただ、彼は買ってばかりいたわけではない。2000年にみんながハイテク株を買っているときに、彼は何十社ものハイテク企業を空売りしていた。テンプルトン卿は、ファンダメンタルズが通常から大きく外れていることが実感できたとき、好んでマーケットに参入する。もちろん、このような機会は毎日のようにあるわけではないが、それが訪れたときには莫大な利益を上げる可能性を秘めているのを知っていたのだ。

史上最悪の10年間

タイム誌は、21世紀最初の10年を「史上最悪の10年間」と命名した。この期間には、戦争や環境問題以外に、マーケットが２回も暴落した――前半のITバブルと、後半のサブプライムローン問題から始まった世界的な金融危機である。金融危機は世界中の人々の蓄えを消し去り、何百万人もの人の職を奪い、ウォール街の由緒ある金融機関を破綻に追い込んだ。破綻したなかには、リーマン・ブラザーズ、メリルリンチ、ベアー・スターンズなどが含まれている。1850年の創業以来、二度の大戦と世界大恐慌を乗り越えたリーマン・ブラザーズのような会社が、私が生きている間に倒産に追い込まれるなどと、まったく想像だにしなかった。個人投資家が退職金の50～90％を失ったという話もまた、数え切れないほどある。暴落は、すべてのアメリカ人に何らかの影響を及ぼした。しかし驚くのは、無一文になった人も多いこの時期に、一部の抜け目のない投資家は大きな利益を上げていたことである。

2007年にサブプライムローン危機が起こり、それが世界的な金融危機へと拡大した。危機の発端は、ITバブルだった。当時、FRB（連邦準備制度理事会）議長だったアラン・グリーンスパンは、景気刺激策として積極的に金利引き下げを行った。残念ながら、金利は下がりすぎて、それが長く続きすぎたため、住宅バブルと信用バブルが起こってしまった。蛇口から水を注ぐようにアメリカ経済に資金が流れ込み、2003年に8000ドル台だったダウ・ジョーンズ工業株平均は2007年には１万4000ドルまで上昇した。借り入れコストが安くなったため、多くのアメリカ人は住宅ローンを借り換えてより大きな家を買ったり、投資用の物件を買ったりした。

多くの読者もこのときの興奮状態を経験したか、少なくとも目撃したと思う。A&Eテレビの「フリップ・ジス・ハウス」やディスカバリー・チャンネルの「フリップ・ザット・ハウス」といった住宅関連番組を見ていた人もいるはずだ。当時は理髪店からタクシー運転手に至るまで、みんなが不動産投資を始め、長期的に見れば絶対に損はしないと信じていた。しかし、それは間違いだった。不動産収入は2005年までに家庭の資産増加分の70％を占めるようになり、この年の前半におけるアメリカの経済成長率の何と50％を担っていた。また、2001～2005年に民間部門で創出された新規雇用の半分以上は住宅関連セクターのものだった。アリゾナ州フェニックスの住宅が１四半期だけで45％上昇したからといって、だれが平均的なアメリカ人を責めることができただろうか。

しかし、流れが変わると、状況は一気に悪化した。住宅バブルの崩壊によって、州によっては住宅価格が2006年のピーク時から50％近くも下落した。また、2007年半ばから2009年初めにかけては、アメリカの株価も50％近く下落した。そして、2009年３月までに、アメリカ人は15兆ドル以上の資産を失った。この住宅バブルは、まさにテンプルトン卿が「最も楽観的なとき」と呼ぶ時期だったのである。

今にして思えば、なぜあのとき、だれも警告のサインが見えなかったのか不思議に思う。銀行はだれにでも貸し出し、平均的なアメリカ人は払いきれないほどの負債を抱えていたが、そのような状態が永遠に続くわけがない。当時は、ITバブルの崩壊もまだ記憶に新しく、行きすぎた結果に考えをめぐらすこともできたはずだ。サブプライムローンは史上最大の住宅バブルを生みだしたが、これまでも同様の危機は起こっている。

この40年間だけを見ても、アメリカでは２回の住宅バブルが起こっている（1979年と1989年）。1987～1991年にかけては、日本でも住宅バブルが崩壊し、長期間にわたってゼロ成長に陥った。日本では、この時期のことを「失われた10年」と呼んでいる。1998年には、香港金融管理局がアジア通貨危機から香港ドルを守るために金利を８％から23％に引き上げた結果、住宅市場が崩壊した。これらのバブルはすべてアメリカの外で起こったことだが、世界中に影響を及ぼし、各国で報道された。しかし、残念ながらアメリカの住宅所有者や投資家のほとんどが、このあまりにも明らかな警告のサインを見逃してしまった。

公正を期して言えば、バブルはいずれ崩壊すると警告を発した少数の専門家もいた（亡くなる直前のテンプルトン卿もそのひとり）。ただ、これらの反対意見に耳を傾ける人はいなかった。バブル崩壊で個人投資家や投資信託、ヘッジファンド、投資銀行は壊滅したが、バブルがいずれしぼむことを知っていて、崩壊を予想していた人たちは投機的なポジションを保有し、巨万の富を築いた。なかでも最大の利益を上げたと言われているのが、ポールソン・アンド・カンパニーのジョン・ポールソンだ。

彼は、ハーバード・ビジネス・スクールでMBA（経営学修士）を修得したヘッジファンドマネジャーで、語り口は柔らかいが、サブプライムローンは行き詰まると思っていたため、2006年から投資家に向けて住宅バブルはいずれ崩壊すると警告を発していた。バブル崩壊のほうに大きく賭けた彼のファンドは、2007年９月には平均で340％も上昇した。

みんなが資産を失った時期に、ポールソンと彼の顧客は何十億ドルもの資産を手に入れたのである。ポールソンが運用する９つのファンドは、2006年９月～2007年９月の成功報酬だけでも25億ドルを稼いでいる。この時期の勝ち組には、ほかにもハービンジャー・キャピタル・パートナーズのフィリップ・ファルコンや、ルネッサンス・テクノロジーズのジム・シモンズなどがいる。どちらも成功報酬だけで10億ドル以上を稼ぎ、シモンズが運用する60億ドル規模のメダリオンファンドは50％以上のリターンを上げた。ちなみに、これら３つのファンドはバブル崩壊に賭けて成功したが、マーケットには別の方法でサブプライムローン危機を利用して利益を上げたファンドもあった。

世界最大級のヘッジファンドであるシタデル・インベストメント・グループは、だれも買わない不良債権に投資して、８億ドル以上のリターンを上げた。同社は、アマランス・アドバイザーズが保有していたエネルギー関連のトレードを買い取ったり、イートレードなどの企業に出資したりしている。

サブプライムローン危機のさなかに利益を上げた最後のグループは、超短期の機会を狙って頻繁にトレーディングを繰り返した集団である。彼らは、超短期に特化しているため、マーケットの大きな動きにさらされることがない。サブプライムローン危機は一般には敗者だけを生んだと思われているが、そうではない。特に、事前に危機を予想し、破格の安値で買ったり、うまく超短期の機会を利用した人たちは大きな利益を手にしたのである。

成長の芽が見えないユーロ圏

危機が危機を呼び、ヨーロッパでは新たな問題が発生した。世界的な金融危機に対応するため、世界の中央銀行が景気対策として財政支出を増やした結果、財政赤字は２桁に達してしまった。アメリカやイギリスなど多くの国では、すでに対GDP（国内総生産）比で大きな債務を抱えていたため、ギリシャの財政赤字がGDPの13％と想定の２倍以上だったことが報じられると衝撃を受けた。赤字の隠ぺいが明らかになり、財政の悪化が表面化したのだ。

ギリシャの高い借り入れコストと債務の支払能力に対する投資家の懸念が広がり、格付け会社は相次いで警告と格下げを行った。EU（欧州連合）各国は、最初は投資家の批判に耳を貸さなかったが、やがてほぼ1兆ドル相当の支援策を打ち出した。しかし、この大規模な救済計画もマーケットを安定化させることはできなかった。欧州中央銀行は規則を曲げてギリシャ国債を購入し、流動性を確保しようとしたが、それも効果はなかった。ユーロは低水準にとどまり（2010年1月から6月の間に20％下落）、ポルトガルやアイルランド、スペイン、ギリシャなどの国の信用スプレッドは史上最大に広がった。本書が出版されるころに、欧州ソブリン危機とその影響がどれほど大きくなっているのかまったく分からない。

たとえマーケットが安定したとしても、各国は積極的な財政赤字削減策を余儀なくされており、支出削減と増税はユーロ圏の成長をますます鈍化させていった。ギリシャ問題の勝ち組と負け組を探すのには時期尚早だが、ここでも流れを予想した者が優位に立った。ファンドのいくつかは、スペインやイタリアやアイルランドが債務不履行に陥った場合の保険としてクレジット・デフォルト・スワップを購入した。考えてみれば、2009年末にギリシャ問題が発覚したときにユーロを空売りしていれば、2010年6月には20％もの利益を手にすることができたのである。

サブプライムローン危機や欧州ソブリン危機は、自分の周辺で起こっていることを見ているだけではダメだということを教えてくれている。これまで見てきたように、アメリカのような大国の場合、たとえそれが一国の問題でも他国の経済に打撃を与えてしまう。アメリカが世界最大の貿易相手国であることを考えれば、他国への影響は当然のことかもしれない。しかし、近年ではそれ以外の国の問題でも世界に連鎖反応を引き起こしている。遠く離れたオーストラリアでさえ、ヨーロッパの債務危機が自国経済に影響を与えたと主張しているのだ。あの強大な中国でさえ、ヨーロッパやギリシャの問題には神経を尖らせており、このことは世界各国の相互関係がいかに密接であるかを表している。

通貨の上昇

最近の２回の危機によって、外国為替市場（FX市場）に注目が集まった。通貨は、さまざまな意味でその国の信用度を表す優れた指標のひとつになっている。外国人投資家がある国に対して楽観的な見通しを持っていれば、彼らはその国の通貨を買って株や債券に投資する。しかし、彼らがもしその国の経済や政治や社会情勢などに対して懸念していれば、保有資産を売却し、通貨を売って資金を引き揚げてしまう。このような動きが広がると、FXレートが大きく動き、政府も対策を余儀なくされる。

通貨が弱くなりすぎると、例えば、欧州ソブリン危機でユーロが下落したようにインフレ圧力が懸念される。しかし、通貨が強くなりすぎると、輸出企業は競争力が弱まり、悲鳴を上げる。為替の変動が大きくなりすぎると、多国籍企業の収益にも影響が及ぶ。例えば、さまざまな通貨の買掛金がある企業の場合、自国の通貨が強くなれば買掛金の価値は下がるが、弱くなれば買掛金の価値は上がってしまう。とは言っても、輸出企業は通常、弱い通貨を好み、強い通貨を嫌う。

通貨が与える影響は、人によって違う。これについては、第２章で詳しく述べることにする。アメリカで始まったサブプライムローン危機と欧州ソブリン危機は、通貨問題を経済ニュースからトップニュースに押し上げたが、通貨の重要性は昔から変わらない。過去10年間に、FX市場は大きく成長した。国際決済銀行が３年に１回発表している世界FX市場の１日の取引高は、2004年には約１兆9000億ドルだったのが、2010年には４兆ドルにまで増加した。そして、銀行と「その他の金融機関」（例えば個人向けのFXブローカー）間の取引が、初めて銀行間取引を上回ったのである。このことからFX取引増加の大きな部分を、FXトレーディングというチャンスに気づいた個人投資家が占めているのは明らかである。

ニュースの見出しをチャンスに変える

もし歴史が何でも教えてくれるならば（そうであることは分かっている）、これから10年間に世界各地で大小さまざまな危機があるだろう。ただ、危機が起こったら、攻撃的になるか防御的なるかは自分で選ぶことができる。ジュディおばさんがいつも私に言っていたことだが、レモンをレモネードに変えることができるかどうか、ということなのである。あとから考えればだれでも分かることだが、収益がゼロやマイナスのIT企業の価値がものすごく高い理由なんてあるはずはない。また、天文学的な価格のする住宅はいずれ売れなくなる。市場に売れ残りがあふれ、消費者が抱えきれないほどの債務を負っていれば、住宅が売れなくなるのは当然である。大事なことは、混乱に巻き込まれないことと、資産の価格がリスクと価値に対して適正かどうかを合理的に判断することなのである。

もちろん、これは口で言うほど簡単ではない。それでも、最近の危機を利用して利益を上げた小口投資家が用いたさまざまな手法を見れば、不可能なことではない。

そこで、まずはサブプライムローン危機について考えてみよう。周知のとおり、この危機によって、いくつかの金融機関が破綻した。これらの金融機関は国有化されたり、救済されたり、競合企業に売却されたり、破産に追い込まれたりした。他人の

図表1.1　大手金融機関の破綻時におけるドル/円相場の反応

出所＝GFT Dealbook 360.

不幸で儲けるのは道徳に反するという意見もあるが、ソロスやポールソンやテンプルトン卿の資産もほとんどがそうして得たものだ。**図表1.1**は、大手金融機関が破綻したあとのドル/円レートの動きを示している。矢印1は、ファニーメイ（米連邦住宅抵当金庫）とフレディマック（米連邦住宅貸付抵当公社）が国有化された時期を示している。また、矢印2はリーマン・ブラザーズの破産、矢印3はワシントン・ミューチュアルの経営破綻、矢印4はアメリカ政府によるシティグループの救済を示している。この**図表**から分かるように、FXレートは危機のたびに下がっている。救済や合併の場合でさえ、さらなる問題を恐れてドルは上がらなかった。そのため、サブプライムローン危機のときにドルを売って円を買った投資家は、大きな利益を手に入れた。

次は欧州ソブリン危機を見ていこう。ギリシャ問題が発覚し、財政難が明らかになると、格付け会社はギリシャ国債の格下げを行った。格付け会社というのは、発行体が債務不履行になる可能性を示す会社で、格付けは成績表のようにアルファベットで表される。国の格付けが下がると、理由が何であれその国は債務不履行になる可能性が高まる。2009年10月、大手格付け会社のフィッチ・レーティングスがギリシャ国債の格付けをA－に引き下げ、それがのちにユーロがドルに対して20％も下落するきっかけになった。ドル/円の場合と同様に、ギリシャをはじめとするユーロ圏の財政不安定国の格付けが下がると、ユーロ/ドルも下がった。格付けの引き下げは、その国が債務不履行に近づくことを意味するため、投資家の間に懸念が広がったからだ。2010年４月までに、ギリシャの国債の格付けはジャンクボンド級にまで下がった。この危機を生かす方法はいくつかあるが、例えばこのニュースをトレードチャンスととらえてパニックの始まりで売ればよい。格付けは１回下がると、そのあとまた下がることが多いからである。

もし事件をチャンスととらえるのには抵抗があり、チャートを見てトレードしたいという場合でも、重要なブレイクで売れば、どちらの通貨でもこの動きを生かすことができる。例えば、ドル/円相場ならば105円、100円、95円などはどれも心理的に重要な水準になっている。ユーロ/ドルの場合は、1.45ドル、1.40ドル、1.35ドル、1.30ドルなどがその心理的に重要な水準に当たる。

通貨は本来トレンドを形成するもので、特にパニックが起これればそうなるため、その動きに乗ったほうが利益は大きくなる。もし長期間にわたってトレードを保有し続けるのに耐えられなければ、マーケットのセンチメントの方向に短期のトレードを仕掛けてもよい。例えば、格付けが下がれば、それがさらなる問題を生むという想定で、損切りの逆指値を置いてユーロ/ドルを売ればよい。

本章のまとめ

- 金融危機は増えている。
- しかし、みんなが負け組になるわけではない。テンプルトン卿をはじめとする伝説の投資家たちは、危機のときには掘り出し物を探す絶好の機会だということを教えてくれた。
- ソロスやポールソンといったプロのマネーマネジャーは、最近のマーケットの崩壊を賢く予想し、そこで大きく儲けた。
- 危機が起こったときには、通貨トレードでニュースをチャンスに変えることができる。

第2章

Rubles and Bahts and Euros?--Oh,My!

Forex Isn't as Foreign as You Think

ルーブルとバーツとユーロ、何てことだ

——FXは思ったより身近だった

ディズニーワールドのエプコットセンター内にあるワールドショーケースには11の国のパビリオンがあり、さまざまな国の文化や料理を楽しめるようになっている。この施設は、ユーロ圏の正式通貨であるユーロが誕生する17年も前の1982年に建設されたものだが、ユーロの精神が見事に表現されている。

ワールドショーケースのなかでは、パビリオン間（各国間）をパスポート無しで歩いて行き来できるため、１回の旅でさまざまな国や店を訪れることができる。また、FXレートを気にせずに同じ通貨で、日本でもイタリアでも買い物ができる。ユーロもこれと同じで、EU加盟国内であれば、企業や消費者がFXレートや事務手続きを気にせずにビジネスができるというメリットがある。ユーロ導入後、EU圏内の取引は大幅に増えた。ワールドショーケースに行くと、ユーロや単一通貨の重要性がよく分かる。ニューヨーク州からカリフォルニア州やフロリダ州に行くたびに、通貨を交換したりパスポートが必要だったりしたら、いかに面倒か想像してみれば分かるだろう。

ワールドショーケースや外国に一度も行ったことがなくても、FX市場は意外に身近なのかもしれない。通貨を交換するのに、空港で交換するレートが最も悪いことはだれでも知っているが、それでも旅行者の多くはタクシーやホテルで支払う現地通貨を求めて空港で交換する。少し慣れた旅行者は、レートが少し有利なクレジットカードを使ったり、ATM（現金自動預け払い機）で現金を引き出したりするが、それでもレートには為替手数料が上乗せされている。そこで私は、これまでの経験から、繁華街にある通貨両替店で現地通貨を買うことにしている。競合店がたくさんあるため、より有利なレートで交換できることが多いからだ。

最近、オーストラリアに出張したとき、私はさまざまな場所でのFXレートを比較してみた。当時の豪ドル/ドルのレートは、0.8750ドルで、もちろんそのレートでの交換は無理だと思っていた。結果は、シドニー空港内のレートが、１豪ドル当たり93セント、ビジネス街の中心部には89セントを提示している業者がいて、アメリカンエキスプレスの交換レートは90.45セントと２～３ドルの手数料だった。

今日のグローバル化したマーケットでは、FXレートを把握しておくことがとても重要になっている。本章では、為替変動が企業や投資家や資産所有者や外国で仕事をする人たちにどのような影響を及ぼすのかを見ていく。

「国内のみ」の投資家の目を覚ます

もしあなたがアメリカ人で、アメリカ株だけに投資しているのでFXレートなど関心ないと思っているのならば、そろそろ目を覚ましてもよいだろう。FXレートの動きを知れば、より良い投資判断が下せるようになる。四半期が終わったあとの１カ月間は、銀行のアナリストから長期投資家まで、みんなが既存の製品や新製品に関するあらゆる情報を収集し、その四半期の売り上げや収益を探ろうとする。このとき、インサイダー情報でもないかぎり、マーケットではみんなが企業の出すニュースリリースを情報源にしている。しかし、ほんの一握りの投資家だけが良い四半期と悪い四半期を分けるあるものについて考えている。それは、企業の収益に影響を与える為替レートについてである。業績が好調と思われていたのに、四半期中のFXレートの上下で好調な売り上げが相殺され、不本意な決算に終わるケースはよくある。

通貨がアメリカの企業に与える影響は、業種によって違う。例えば、マクドナルドやバーガーキングやスターバックスは、外国で地元のパートナーとフランチャイズ契約を結び、売り上げの一部を受け取っている。この場合、売り上げは外国の通貨建てなので、本部はそれをドルに替えなければならない。つまり、ドルが強いとこれらの企業の利益率は下がり、弱ければ利益率は上がる。仮に、イギリスのマクドナルドではビッグマックが２ポンドで、ポンド/ドルのレートが1.80ドルだとしよう。アメリカに本部を置くマクドナルドは、外国の店舗の価格を頻繁に変更しないし、イギリスの店舗のうちフランチャイズ店は一部しかないとすると、ビッグマック１個の売り上げは3.60

図表2.1　ポンド/ドルの変動がマクドナルドの売り上げに与える影響

イギリスのビッグマックの価格	レート	ドル換算
2ポンド	2.16に上昇	4.32ドル
2ポンド	1.80	3.60ドル
2ポンド	1.44に下落	2.88ドル

ドルになる。しかし、もしポンドが20％下がってFXレートが1.44ドルになると、2ポンドのビッグマック1個の売り上げは3.60ドルではなく、2.88ドルになってしまう。

この差はビッグマック1個分ならばわずかだが、外国で販売されているビッグマックが何百万個ともなれば、ドル高がマクドナルドのような企業に与える打撃の大きさが分かるだろう。ちなみに、2009年の同社の売り上げは、ヨーロッパが全体の40％を占めていた。マクドナルドのライバルであるバーガーキングは、2010年の第1四半期には為替変動によって1株当たり2セントの損失が出るとの予想を発表した。**図表2.1**は、ポンド/ドルのレートが20％変動したときに、マクドナルドではビッグマック1個当たりの売り上げがどれくらい影響を受けるかを示している。

同様に、グーグル、プライスライン、エクスペディアなど、海外における売り上げの割合が大きいIT企業も、ドルが強くなると外国で上げた収益の価値が下がり、打撃を受ける。通常、ドルが強すぎると、アメリカの多国籍企業は利益を守るために値上げをするか、利益率の低下に耐えて価格を据え置くかという難しい問題に直面する。アメリカでは、ドルが強くなると収益が上がるよりも下がることが多いように見えるが、ドルが弱くなると、うれしい誤算のほうが残念な誤算よりも増える（例えば、外国でビッグマックが売れるたびにドル建ての利益が増えるなど）。

輸出入の割合が多い企業も、通貨変動の影響を受ける。通常、外貨で大きな買掛金があるアメリカ企業（例えば、輸入企業）は、ドルが強くなれば利益が増え、弱くなれば利益が減る。また、外貨で大きな売掛金がある企業は（例えば、輸出企業）、ドルが弱くなれば利益が増え、強くなれば利益が減る。売掛金の占める割合が最も大きい業界に、エネルギー、ハイテク、生活必需品などがある。輸出メーカーも、ドルが弱くなると実質的に商品の価格が上がるため、得をする。このように、通貨変動が収益に影響を及ぼす例はいくらでもあり、賢い投資家は四半期の売り上げに加えて為替の動きも把握することで、優位に立つ。同じ理屈はどこの国の企業にも当てはまる。

外国市場にかかわる

外国のマーケットに投資するほどの賢い人にとって、FXレートの動きはさらに重要な意味を持つ。レートの動きによっては、リターンが増えたり減ったりするからだ。

仮に、2009年に金融危機の影響が比較的小さかったアジアに投資したとしよう。投資先は、シンガポールに決めた。この国は英語が通じ、政治が安定していて、経済も発達していることから、アジアのスイスとも呼ばれている。銘柄は、シンガポール航空（SIA）を選んだ。シンガポールは観光に力を入れているので同国を含めたアジアへの旅行者が増えると見込まれているし、同社のサービスも事業内容も非常に好評を得ているからだ。2009年１月、シンガポール航空を１株当たり10.50シンガポールドルで100株、総額１万0500シンガポールドル分買った。当時、ドル/シンガポールドルのFXレートは約1.46シンガポールドルだったので、ドルの支払額は7191ドルになった。そして2009年12月、この株を売却して資金をドルに戻した。この時点で、シンガポール航空株は約14.75シンガポールドルに上がっており、売却額は100株で１万4750シンガポールドルになった。１年間で40.47％という素晴らしいリターンを上げたことになる。そこで、銀行に行ってシンガポールドルをドルに交換すると、１万0461ドルが渡された。ちなみに、7191ドルの投資に

40.47％のリターンを足せば、受取額は１万0461ドルではなくて１万0102ドルになる。しかし、これは銀行が間違ったわけではない。この年の１月から12月にかけて、シンガポールドルがドルに対して強くなったため、為替変動が有利に働いて、５％の追加リターンを生んだのである。

ただ、FXレートは上がるときもあれば、下がるときもある。2010年の最初の６カ月間で、ユーロはドルに対して14.5％下落した。もしこの年の初めにドイツ株に投資していれば、株式市場での下げは2.56％だったが、為替変動を含めるとドル建ての損失は17％近くなってしまったのである。

オフショア口座や外国に資金を保有している投資家も、FXレートについて知っておかなければならない。世界中の銀行口座にお金がある国際スパイの映画を見たことがあると思う。普通の人の生活はそこまで華やかではないかもしれないが、オフショア口座や外国に資金を保有している知り合いくらいはいるだろう。友人のマーシャは、昨年ロンドンに転勤になり、イギリスに銀行口座を開設した。転勤は３年間だったので、アメリカの口座はそのまま残しておいた。ただ、ロンドンにいる間の給与はポンド建てで、現地の銀行口座へ振り込まれる。マーシャの年収は５万ポンドだ。

最近、マーシャが興奮して電話を掛けてきた。アドバイスがほしいというのである。彼女の仕事はFXレートとは無関係だが、イギリスの同僚がアメリカへの旅費について不満を言っていたので心配になったらしい。同僚の話をよく聞くと、ポンドがドルに対して7.5％下落したため、実質的に7.5％の賃金カットに等しいということだった。この額は、ドルに換算すると約5000ドルにもなる（１ポンドが1.50ドルで計算）。マーシャは最近のポンド安も気になったが、それにも増して将来のポンド下落がドル換算した賃金をさらに減らすのではないかと心配していた。対策としては、オプションを使ってポンドの下落に備えたり、これまでよりも頻繁にポンドからドルに交換したりする方法がある。移民やその他の理由で永久に外国に移住し、母国に銀行口座を残している場合も、同じようなことが言える。もしFXレートが大きく動くと、外国に保有する口座の資金は影響を受ける。

投資家が外国の不動産を買うケースも増えている。例えば、中国人は最近、現金で盛んに買い物をしている。アメリカやカナダやオーストラリアなどに不動産を見にいく「不動産旅行」も人気が高い。実は海外では、外国への不動産投資が非常によく行われている。オーストラリアで行われた不動産エキスポに行ったことがあるが、アメリカ人がフロリダ州の土地や住宅を格安で売っていた。

通貨が弱くなると、外国人による不動産投資は増える傾向がある。反対に、通貨が強くなると、為替によるプレミアムが付いてしまうため、外国人投資家の関心は薄れる。その一方で、外国に不動産を持つアメリカ人もいる。例えば、パリの凱旋門の近くにアパートを所有しているとしよう。家賃はユーロで振り込まれ、それをアメリカの銀行がドルに替えて口座に入金している。この場合、ドルが強くなると受け取るドルは少なくなるが、ドルが弱くなると受け取るドルは増える。

小事業主と財務担当者

国際的なビジネスや貿易を行う人も為替リスクを負っている。このなかには、小事業主や中小企業の財務担当者も含まれている。外貨建てでサービスや商品を売買していれば、その企業は直接的に為替リスクにさらされている。

例えば、ニューヨークには私のおいが大好きなキッド・ロボットというおもちゃ屋がある。この店では、普通のおもちゃ屋にはないような変わったおもちゃを日本から直接輸入して販売している。もしこの店が輸入代理店を使っていなければ、円の変動に対処する必要がある。円が上がれば、ニューヨークに輸入するおもちゃは高くなるからだ。同じことは、外国映画を大量にそろえているビデオ屋についても言える。これらの映画を外国から直接仕入れていれば、FXレートが仕入れ額に影響することになる。

通常、中小企業では為替差損を経費として処理しているが、輸入額が何十万ドルにも上る大企業は、為替リスクをヘッジしている場合がある。契約によって支払いはすぐのこともあれば、何カ月か先になることもある。もし支払いが先ならば、為替リスクのヘッジはさらに重要になる。例えば、あるアメリカ企業がオーストラリアの会社から10万豪ドル相当の製品を買ったとしよう。支払いは6カ月後になっている。そこで、CFO（最高財務責任者）は、代金として8万5000ドルを用意した（輸入時のレートで計算した代金）。しかし6カ月後、8万5000ドルを交換すると8万8888豪ドルにしかならず、急いで1万1112豪ドルを調達しなければならなくなった。

それでは、アメリカ製の製品を海外に輸出しているアメリカ企業の場合は、為替変動でどのような影響を受けるのだろうか。例えば、ある小企業主が1個当たり20ユーロの製品を毎年平均1万個販売しているとする。年初のユーロ/ドルのレートが1.30ドルだったので、この事業主は26万ドルの売り上げを予定していた。**図表2.2**は、FXレートが10セント変動した場合、売り上げに与える影響を示している。もしレートが10セント下がると、売り上げは予定よりも2万ドル減るが、10セント上がれば2万ドル増える。FXレートは上がるときもあれば下がるときもあるため、一定量以上の輸出入を行う企業は為替の動きを把握し、リスクを管理しておかなければならない。

図表2.2　ユーロ/ドルの変動が売り上げに与える影響

販売個数	単価	ユーロでの売り上げ	レート	ドル換算
10,000	20ユーロ	200,000	1.20	240,000ドル
10,000	20ユーロ	200,000	1.30	260,000ドル
10,000	20ユーロ	200,000	1.40	280,000ドル

FX商品が次々と開発され、為替リスクをヘッジする方法も増えた。企業の為替ヘッジとしては、先渡取引、先物取引、オプションなどのデリバティブが最もよく使われている。先渡取引は、特定の通貨の特定の金額を、特定のレートで特定の日に交換する契約である。先物取引も同じような内容だが、標準化されていてカスタマイズされることはあまりない。一方、オプションは標準化されているものと（取引所でトレードされている）、店頭でビジネスに合わせてカスタマイズされるものがある。オプションの買い手は、特定の通貨を特定のレートで売買する権利を得るが、義務はない。つまり、もしレートが買い手にとって有利でなければ、契約を実行しなくてよい。ただ、先

物取引やオプションは万人向けではない。これらのトレードは、自分の経験、目的、資金、そのほかの状況を考慮したうえで、適切かどうかを判断してほしい。

資金に余裕がある企業ならば、マネーマーケットを利用してヘッジをかけることもできる。もし資金がない場合でも、自国のマネーマーケットで資金を借り、支払う通貨建てのマネーマーケット証券で満期が支払い日と同じものを買い（借り入れコストとマネーマーケットの利率がかかる）、満期に両方を決済すればよい。

目的を考える

FX市場には、さまざまな人がさまざまな理由で参加している。新人のFXトレーダーからは、FXトレーディングがゼロサムゲームなのかという質問をよくされる。あるトレーダーが勝てば、別のトレーダーが負けるのかということである。その答えは、旅行者が海外で通貨を交換したり、企業が為替リスクをヘッジしたりするときに、それがはたして負けなのかどうかと考えてみてほしい。おそらく違うだろう。私がオーストラリアに行ったとき、ドルを豪ドルに交換したが、それ以上は考えなかった。多くの旅行者は、お金を交換した途端、気持ちはエッフェル塔の眺めを楽しんだり、タイのビーチでくつろいだりすることに向かう。また、製品を輸入している中小企業にとって、為替リスクをヘッジする目的はリスクの心配をなくすことであり、そうすれば販売や在庫管理に集中できる。

通貨の動きは、株式投資家や小事業主、外国居住者、旅行者などのお金に関する判断に、思いのほか大きな影響を及ぼす。しかし、多くの企業は為替の動きが有利に働く場合も考慮して、為替リスクを回避する場合でも100%ヘッジするわけではない。そこで、もし通貨の方向やトレンドが続くのか終わるのかが分かれば非常に助かる。次章では、そのための戦略とツールを紹介していく。先を急ごう。

本章のまとめ

- ●通貨は意外に身近なもので、私たちの日々の生活の一部になっている。
- ●旅行先のFXレートや手数料のことを考えれば、一般旅行者も通貨トレーディングを学ぶ意味がある。
- ●外国でフランチャイズを展開する企業は、通貨市場の動きに常に影響を受けている。もしこのような企業に投資しているならば、FXレートを注視しておいてほしい。
- ●外国の企業や不動産に投資していれば、為替の変動によってリターンが増減する。
- ●輸入にかかわる小事業主やそのほかの企業は、為替リスクをヘッジすることの重要性を知っておく必要がある。

第3章

The A to Zs of Forex
Basic Knowledge You Need to Have

FXのすべて
——知っておくべき基本知識

通貨トレードの仕組みを学ぶ前に、まずは基本を知っておく必要がある。それには、まず小学校のようにFXのABCを学んでおこう。

アルファ

企業の多くは外貨建ての資産を大きな為替変動から守るためにFX市場に参入しているが、なかにはアルファを求めている企業もある。アルファとは、ベンチマークとなる指標（例えば、S&P500やリスクなしの投資先とされている米国債など）を上回る「超過」リターンのことを指す。投資家にとって、S&P500以下のリターンしか得られなければ、ファンドに管理手数料や成功報酬を支払う意味がないため、アルファはファンドマネジャーが収入を得るためのリターンとも言える。投資家やトレーダーは、追加のアルファを得るためにFX市場に参入する。

基準通貨とカウンター通貨

タンゴは相手がいないと踊れない。そして、通貨の価値は必ず別の通貨を基に表される。例えば、ユーロ/ドルのFXレートが1.50ドルならば、１ユーロは1.50ドルと交換できるということを意味している。また、ドル/円のレートが110円ならば、1ドルは110円と交換できる。通貨ペアは、最初に記されているのが基準通貨、2つ目がカウンター通貨と呼ばれている。2つを入れ替えることもできるが、通常は業界標準の順番で表示されている。1999年にユーロが誕生したとき、欧州中央銀行はユーロが基準通貨になることを要求した。現在や過去においては、英連邦の通貨であるポンド、豪ドル、ニュージーランドドルなどが基準通貨になっていることが多く、円やスイスフランや加ドルは組み合わせにもよるが、ほとんどの場合カウンター通貨になっている。ちなみに、ドルは組み合わせによって基準通貨にもカウンター通貨にもなる。

通貨

2010年現在、世界には約150もの通貨があるが、そのすべてが活発にトレードされているわけではない。外国為替には固定相場制度と変動相場制度があり、政府がトレードを許可していない場合があるからだ。世界で最もよく使われている通貨はドルで、通貨トレードの85%以上にドルがかかわっている。投資家や投機家にとって、通貨がどれくらい活発に取引されているかどうかは、投資した通貨がすぐ手仕舞えるかどうかを左右する非常に重要な要素である。そこで私は、アルファを求めて投

図表3.1　主要通貨の通貨コード、通貨記号、マーケットシェア

通貨	通貨コード	通貨記号	1日のシェア
ドル	USD	$	84.9%
ユーロ	EUR	€	39.1%
円	JPY	¥	19.0%
ポンド	GBP	£	12.9%
豪ドル	AUD	$	7.6%
スイスフラン	CHF	Fr	6.4%
加ドル	CAD	$	5.3%

出所＝BISが３年に１回行う調査（2007年版）

資やトレーディングをするのならば、最も活発にトレードされている通貨にすべきだと勧めている。ドル、ユーロ、円、ポンド、スイスフラン、豪ドル、加ドルがそれに当たる。**図表3.1**は、これらの通貨の通貨名、通貨コード、通貨記号、１日の取引高の占める割合（国際決済銀行が３年に１回行っている取引状況調査より）を示している。

ディーラー

企業も投資家も投機家もディーラーを通じてFX市場に参加する。ディーラーは直接の取引相手になることもあれば、仲介するだけのときもある。多くの旅行者にとっては、空港の通貨交換窓口がFXディーラーとなる。一方、企業や投資信託やヘッジファンドのマネジャーは、自らがディーラーとなったり、ゴールドマン・サックスやシティグループのセールス・トレーディング・デスクを使ったりして取引を行う。個人の場合は、ゴールドマン・サックスのような大手銀行が扱うような取引額にはならないため、個人向けのFXブローカーや通貨交換所を通じてマーケットに参加することが多い。

取引所

FX市場の特徴のひとつとして、NYSE（ニューヨーク証券取引所）やCME（シカゴ・マーカンタイル取引所）のような公的な取引所がないことが挙げられる。実際の通貨取引は、相対で行われ、ディーラーが直接処理している。公的な取引所が存在しないことで通貨取引を敬遠する人がいるかもしれないが、競争が激しい市場なので気配値提示には極めて競争力があり、FXブローカーは通常ならば１カ月で数百ドルもするような情報やツールを無料で提供せざるを得なくなっている。さらに、多くの国では政府がディーラーに厳しい規則や自己資本比率の制限を課すことで、投資家やトレーダーを保護している。

ファンダメンタルズ

通常、通貨の動きは、投資家や投機家がその国の経済見通しを他国と比較してどう見ているかを反映している。経済指標やさまざまなデータを用いて２つの国の見通しを比較することをファンダメンタルズ分析という。ファンダメンタルズを基にしたマーケット分析にはさまざまな方法があり、これだけで１章を割ける重要な事柄である。

ロングとショート

通貨の面白いところは、１回の取引でひとつの通貨をロングにして別の通貨をショートにすることにある。つまり、１回の取引で２つの通貨の変動にさらされるということで、これは重要だ。例えば、豪ドル/ニュージーランドドルのFXレートは、豪ドルが買われるかニュージーランドドルが売られるかその両方が起こると上がる。理論的には、もし豪ドルとニュージーランドドルが同じタイミングで同じだけ上昇すれば、FXレートは動かない。タンゴで、ペアが２人とも前進すれば、足の位置以外に２人のポジションは変わらないのと同じことだ。

ヘッジ

FX市場に参入する企業の多くは、輸出入で生じた通貨のエクスポージャーをヘッジしたり相殺したりすることが目的だが、ヘッジで得をするのは彼らだけではない。世界的な金融危機で世界中の株式市場が暴落すると、投資家は安全で低利回りのドルに資金を移動する。また、株の損失をさらに増やしたくない投資家も、ヘッジ目的でドルやスイスフランや円を買う。FX市場では、ヘッジ目的の大きなトレードがたくさん行われている。

金利

もし資金がどの通貨に向かっているのかを判断する基準をひとつだけ選ぶとすれば、それは間違いなく金利だろう。通貨は、基本的に金利の付く商品である。ほとんどの国には公式な金利があり、それが政府や銀行や市民の借り入れコストや、クレジットカードや住宅ローンなどの金利の基準となっている。通常、金利は国内の成長率やインフレをコントロールする目的で、中央銀行が操作している。ただ、これによって通貨の魅力も上がったり下がったりする。今日では、投資家が最も金利の高い国を求めて簡単に資金を移動させることができる。2010年のほとんどの期間において、アメリカの普通預金の金利は年間２％以下だったが、同じ時期のオーストラリアでは５％以上の金利を提示している銀行がいくらでもあった。もし選べるのであれば、この時期にオーストラリアの銀行とアメリカの銀行のどちらに預金したいと思うだろうか。2010年前半に豪ドルがドルに対して上がった理由はここにある。ただ、実際にはもう少し複雑で、投資家は金利が高いところばかりではなく、世界中の通貨が向かっているところにも資金を移動しようとする。つまり、金利の低い国が、金利の高い国よりも資金を集めるということも起こり得るのである。

Ｊカーブ効果

Ｊという文字の形を思い浮かべてほしい。まずは下に向かってまっすぐ線を引き、下に到達したら上向きに曲がって大きな尻尾に続く。この形は、復活とそのあとの力強い成長を連想させるが、専門家はこれを通貨の下落が貿易赤字に与える影響を示す形だと考える。通貨の動きは貿易に大きく影響する。エコノミストの多くは、通貨が大きく下落すると最初は貿易赤字が拡大し、そのあと改善すると考えている。通貨の動きの根本には、貿易にかかわる需給関係がある。もしニューヨークのマジソン街にある高級洋服店がイタリアから手作りスーツを輸入するとしたら、どこかの時点でドルを売って支払い代金に充てるユーロを買う必要がある。もしユーロが大きく下げると、イタリアのスーツメーカーはアメリカからの注文が増える。ただ、アメリカの洋服店がユーロの下落に気づいてから、在庫を完売し、カタログを調べ、デザインを検討し、価格交渉していると、実際の発注までには時間がかかる。ところが、ほかの国から輸入しているヨーロッパの企業は、FXレートが下がるとすぐに打撃を受け、既存の注文と支払いが完了したあとでないと輸入量の調整ができない。このように通貨が弱くなると、その国の貿易はまず打撃を受け、そのあとプラスに転じる。

キーウィー

ニュージーランドの国鳥で、飛べない鳥のキーウィーは、同国原産ということでニュージーランドの通貨の愛称にもなっている。ちなみに、ドルの通称はバックやグリーンバック、ポンドはスターリング、ケーブル、または単にポンド、加ドルはルーニー（ルーンはカナダ全土で生息する水中鳥）、豪ドルはオージーなどとなっている。これらの愛称は正式な通貨名と同様に使われているので、ぜひ覚えておこう。

レバレッジ

レバレッジを理解して使いこなせるかどうかで、FX市場での勝敗が決まる。レバレッジはもろ刃の剣と呼ばれているが、まったくそのとおりである。これは多くの投機家をFX市場に引きつける魅力でもあり、彼らを退散させる理由にもなる。レバレッジを掛けるというのは、何かを使ってより大きなメリットを得るということである。トレーディングでは、資金を借りて投資額を増やすことを意味する。FXブローカーの多くは、主要な通貨では50倍のレバレッジを顧客に提供している。これは、2000ドルの資金で10万ドル相当分の通貨に投資できることを意味している。素晴らしいではないか。もし２％のリターンで運用できれば、2000ドルの元手で10万ドル分を投資して100％のリターンが得られるということだ（10万ドルで２％儲ければ利益は2000ドル）。ただ、慌てないでほしい。通貨は有利に動くこともあるが不利に動くこともあり、100％の利益は簡単に100％の損失にもなり得るからだ。そのため、レバレッジはコントロールしておかなければならない。ブローカーがレバレッジを提供してくれても、それを目いっぱい使う必要はない。チョコレートチップクッキーを１箱買ったからといって、それを一度で食べきってしまうだろうか。ウエストを太くしたいのでもないかぎり、そんなことはしないだろう。FX市場で生き残るトレーダーは、１回のトレードで資金の５％を超えるリスクはとらない。また、ストップ注文（仕切りの逆指値注文）を置いておけば、逆行して増えるリスクを限定することができる。

証拠金

レバレッジは証拠金で考えることもできる。前の例で2000ドルを用意すれば10万ドル相当の資金を動かせると書いたが、これは50倍のレバレッジを提供しているために２％分の証拠金が必要になるということを意味している。ただし、証拠金は最大損失額ではなく、実際の損失額はそのポジションの丸代金で計算した金額になる。証拠金は、仕掛けるポジションごとにブローカーに預託しなければならない金額である。もし追証が発生して、その口座に証拠金預託要件を上回る損失が発生すると、ブローカーは未決済ポジションの一部か全部を強制的に手仕舞うため、投資家はポジションを維持できなくなる。

ノーアップティックルール

2008年10月の株価大暴落では、急落するマーケットで投資家はなかなか空売りができなかった（アメリカなどの国では、アップティックルールがあるため）。それでも、投げ売り状態のマーケットに参加したければ、アップティックルールがないFX市場でドルや円を買えばよい。みんなが神経過敏になっているときは、低利回り通貨の需要が高まる。株の損失を相殺したい投資家にとっては、ドルや円を買うという方法がある。

注文の種類

FXのポジションを仕掛けたり手仕舞ったりする方法はいくつかある。もし株のトレード経験があれば、注文の種類は知っているだろう。多くのブローカーは標準的に、仕掛けの指値注文や成り行き注文、ストップ注文（逆指値注文）、トレイリングストップ、手仕舞いでの成り行き注文などを受けてくれる。また、それぞれの注文は、GTC注文（キャンセルするまで有効な注文）、GTD注文（指定した日まで有効な注文）、OTO注文（２つの注文を同時に出して、一方が約定したら他方は自動的にキャンセルになる注文）などがある。

ピップス

FXトレーダーと話をしたことがあれば、ユーロ/ドルが150ピップス上がったなどと言っているのを聞いて、ピップスって何だろうかと思ったかもしれない。ピップスはFXの専門用語で、正式にはパーセンテージ・イン・ポイント（percentage of point）、単にポイントとも呼ばれている。１ピップスはその通貨の最小値幅単位を表している。多くの通貨ペアは、小数点第４位まで提示されており、例えばユーロ/ドルが1.5015から1.5016に変われば、１ピップス動いたと言う。ただ、円との通貨ペアは小数点第２位までなので、これらのペアは１ピップスが0.01になる。１ピップスのドル換算額は通貨によって違うため、１ピップスの価値の算出方法をぜひ知っておいてほしい。それができないと、通貨が動いたときに、それが自分の資金のどれくらいに当たるのかが分からない。

ピップスの価値の算出方法

例１　ドル/円

ドルが基準通貨（最初に表記されている通貨）になっているペアの場合は、最小値幅単位を現在のレートで割って、それにトレード金額を掛ければよい。もしドル/円のレートが89.00円で、１枚（10万ドル）トレードした場合、１ピップスの価値は次のように計算する。

1．0.01円（1ピップス）÷89.00円（FXレート）
　=0.00011235ドル（1ピップスのドルの価値）
2．0.00011235ドル×100,000（1枚の丸代金）=11.23ドル

例2　ユーロ/ドル

ドルがカウンター通貨（2番目に表記されている通貨）になっているペアの場合は、もう1ステップ加わる。まずは上と同じ計算をして1ピップスの価値を算出したあと、レートを掛けてドルに直す。もしユーロ/ドルのレートが1.2250ドルで、1枚（10万ドル）トレードした場合、ピップスの価値は次のように計算する。

1．0.0001（1ピップス）÷1.2250（FXレート）
　=0.000081632ユーロ（1ピップスのユーロの価値）
2．0.000081632ユーロ×100,000（1枚の丸代金）
　=8.16ユーロ（1枚当たりのユーロの1ピップスの価値）
3．ユーロ建てのピップスの価値をドル建てに直す。
　8.16ユーロ×1.2250（FXレート）
　=10ドル（1枚当たりのドルの1ピップスの価値）

インターネット上には無料でピップスを算出してくれる

ホームページが多くある。また、ブローカーによっては、ディーリング画面に変動するピップスの価値を表示している。

クオート

FX市場には公的な取引所がないため、ブローカーは独自の売りの気配値と買い気配値を常時提示している（クオート）。買いの価格は売り気配値（アスク）、売りの価格は買い気配値（ビッド）とも呼ばれている。FXブローカーを選ぶときは、クオートを比較して最高の価格を提示している会社を探してほしい。

ロールオーバー

ロールオーバーはFX市場独自のサービスで、これには各国の中央銀行が定める金利がかかわっている。２つの通貨を同時にロングとショートにすると、FXトレーダーは買った通貨の金利を受け取り、売った通貨の金利を支払わなければならない。例えば、2010年の金利を見ると、オーストラリアの金利のほうがアメリカの金利よりもずっと高かった。つまり、豪ドルをロングにしてドルをショートにすれば、オーバーナイトのポジションには金利が付き、豪ドルをショートしてドルをロングにすれば金利を支払わなければならない。１日の金利は、豪ドルの年間金利からドルの年間金利を引いた利率を日割りにして算出する。

スポット

ピップスと同様にスポットもFX独自の用語で、投資家やトレーダーがよく使っている。スポット価格は現在のマーケット価格で、スポットトレードは単純に通貨や商品の取引を指す。また、通貨や商品は先物市場やオプション市場でもトレードされており、スポットは取引対象となっている現物を指すこともある。

テクニカル分析

FX投資家のなかには、通貨の方向をファンダメンタルズ分析で予想する人たちと、テクニカル分析（チャート分析）で予想する人たちがいる。初心者のトレーダーでファンダメンタルズ分析よりもテクニカル分析を使う人が多いのは、株式トレードで使っていたテクニカル分析の戦略や手法が、そのままFXトレードでも使えるからだろう。FXマーケットは24時間開いているため、チャートのサンプル数が多く、統計的優位性も高い。もしFXの経験がなくてもテクニカル分析の経験が豊富ならば、その知識を生かすべきだろう。テクニカル分析を用いた投資スタイルは、FXトレーダーの間でも人気が高い。

トレード単位

通貨は好きな金額をトレードできるが、FX市場には標準的なトレード単位がある。FXトレードの標準単位は10万単位だが、その10分の１のミニ（１万単位）や、100分の１のマイクロ（1000単位）もある。多くのトレーダーにとって小さい単位のほうがポジションを動かしやすいため、マイクロが最も使いやすい。また、本当のお金をトレードするという心理的なものがどうなのかを試してみたい半面、大きな資金はまだ早いと思っている初心者トレーダーにとっても、マイクロ単位ならばトレードしやすい。

ボラティリティ

FXブローカーのなかには、120種類もの通貨ペアを提供しているところもある。この選択肢の多さはFXトレードの大きな魅力だが、通貨は種類によってボラティリティがまったく違う

図表3.2　主要通貨の１日のトレーディングレンジ

通貨ペア	１日のレンジ
ユーロ/スイスフラン（EUR/CHF）	66
ユーロ/ポンド（EUR/GBP）	89
ニュージーランドドル/加ドル（NZD/CAD）	95
ニュージーランドドル/スイスフラン（NZD/CHF）	100
豪ドル/加ドル（AUD/CAD）	103
豪ドル/スイスフラン（AUD/CHF）	110
加ドル/スイスフラン（CAD/CHF）	111
ドル/円（USD/JPY）	112
ニュージーランドドル/ドル（NZD/USD）	115
ドル/スイスフラン（USD/CHF）	120
スイスフラン/円（CHF/JPY）	128
豪ドル/ドル（AUD/USD）	130
ニュージーランドドル/円（NZD/JPY）	132
ドル/加ドル（USD/CAD）	141
加ドル/円（CAD/JPY）	150
ユーロ/ドル（EUR/USD）	152
豪ドル/円（AUD/JPY）	156
ユーロ/加ドル（EUR/CAD）	163
ポンド/スイスフラン（GBP/CHF）	191
ユーロ/豪ドル（EUR/AUD）	193
ポンド/ドル（GBP/USD）	196
ユーロ/円（EUR/JPY）	196
ポンド/加ドル（GBP/CAD）	219
ポンド/豪ドル（GBP/AUD）	254
ポンド/円（GBP/JPY）	256
ユーロ/ニュージーランドドル（EUR/NZD）	279

ということは理解しておかなければならない。例えば、**図表3.2**を見ると、過去10年間におけるユーロ/スイスフランの平均レンジは66ピップスで、ポンド/円の平均レンジは256ピップスだったことが分かる。このことは、日中の動きで見るとポンド/円のほうがユーロ/スイスフランよりもはるかに大きく動いたことを意味している。つまり、ユーロ/スイスフランのトレードならば40ピップスのストップ注文は効果的でも、ポンド/円ならばあまり効果がないということになる。FXトレーダーは、ポンド/円をFX市場の「グーグル」のような存在だと考えている。この通貨ペアは日中のスイングが大きく、ボラティリティが極めて高いからである。

ウィップソウ

経済データの発表や大きな出来事は、通貨市場に多くのウィップソウ（ちゃぶつき）をもたらす。そこで、何がマーケットを動かす可能性があるのかを知っておく必要がある。ありがたいことに、株式市場で重要なことはFX市場でも重要だ。例えば、中央銀行の金利決定や非農業部門雇用者数など労働市場の統計データがマーケットを動かす大きな要因であるのに対し、メディアでほとんど取り上げられないデータ（例えば、米消費者信頼感指数）は、通貨の動きにあまり影響を与えない。

ゼノカレンシー

これはあまり使われていない用語だが、重要性は高い。ゼノカレンシーとは国の外でトレードされている通貨のことで、良い例が中国元だろう。元は中国国内ではあまりトレードされていないが、ノンデリバラブル・フォワード（NDF）の形ではトレードされている。NDFとは現金で決済するトレードで、投機家は１週間後や１年後の見通しに賭けることができる。ただ、中国本土の企業は、オフショアで行われているNDF市場への参加を許可されていない。

イールド

通貨には、高利回り通貨や低利回り通貨があり、高利回り通貨は低利回り通貨よりも魅力的な金利を提供している。投資家が楽観的なときは、高利回り通貨を買いたがり、そのための資金を得るために低利回り通貨を売る。これはキャリートレードと呼ばれている。しかし、投資家の懸念が広がると、先のトレードを手仕舞うために高利回り通貨を売って低利回り通貨を買い戻す。このことは、通貨市場が株式市場と同じように動く大きな理由のひとつになっている。株式市場でも、投資家が楽観的なときは上昇し、悲観的なときは下落する。

ゾーン

FX市場で知っておくべき重要なことの最後は、この市場が１日24時間、１週間に5.5日、開いていることである。トレーディングは、アメリカの日曜日の夜にシドニー市場と東京市場が開くと始まり、それから24時間世界中で取引が続き、金曜の午後にアメリカ市場が引けると終わる。マーケットが24時間開いているため、トレーダーは好きなときにマーケットに参加できる。例えば、日中働いている人が夜か早朝にトレードしても、日中と同じ流動性が得られる。FX市場は、東京、ロンドン、ニューヨークという３つの時間帯に分かれている。**図表3.3**は、各市場の取引開始時間と終了時間を示している。通常、通貨ペアが変動する平均レンジの70％はヨーロッパの取引時間帯に起こり、80％はアメリカの取引時間に起こる。この割合を見ると、１日中画面の前に座ってはいられないデイトレーダーにとって、トレードに最も適した時間帯はアメリカとヨーロッパの取引時間が重なるグリニッジ標準時12時～17時（日本時間20時～１時）だということが分かる。そして、次に良い時間帯は、東京とヨーロッパの取引時間が重なる時間帯で、このときはヨーロッパの経済指標にアジアのトレーダーとヨーロッパのトレーダーの両方が反応できる。また、ロンドンの取引開始時は、ヨーロッパのトレーダーがオーバーナイトしたポジションをどうするの

図表3.3　非公式な取引開始時間と終了時間

タイムゾーン	取引開始	取引終了
東京	0:00	8:00
ロンドン	7:00	17:00
ニューヨーク	12:00	21:00

注＝時間はすべてグリニッジ標準時

かの決定を迫られるため、ボラティリティが特に高い。

これでFXトレードの基本はすべて説明した。

第4章

Step Right Up
Getting Started in Forex

さあ始めよう
――初めてのFXトレード

トレーディングを始めたばかりの人のなかには、遊園地に行った子供と似たような行動をとる人がいる。チケットを買って、乗り場に突進し、楽しむことしか考えていないのだ。彼らには計画や戦略がなく、ルールには目をくれず、ほかの子供たちと一緒に騒ぐことしか考えていない。

多くのトレーダーは、FXについて友人やトレーディングセミナーやインターネットから学ぶ。FXトレードを知ったばかりのころは、みんなワクワクしながらマーケットの仕組みを学んだり、練習用のトレード口座を開設したりして知識を増やすことに多少の時間を割く。しかし、FX市場の活発な動きや、それがもたらす損益の増減を見て過度に興奮してしまうと、彼らは練習用の口座を捨ててマーケットに飛び込んで、実際のお金を賭け始める。このときの彼らは、お金を儲けること以外に具体的な計画を持っていない。そして、初心者のトレーダーはお化け屋敷に入った子供と同じような運命をたどる。恐る恐る少し前に進んだものの、損失に見舞われ、行き止まりにぶち当たってどうしようもなくなり、出口に向かってぼう然と歩き始めるのである。ただ、お化け屋敷とトレーディングの違いは、お化け屋敷に入った子供たちはいつかは必ず出口にたどり着いて楽しかったと思うのに対して、新人のFXトレーダーは経験を積みながら効果的なトレード戦略を身につける前に、手持ちの資金が底をついてしまうということにある。

プロとアマチュアの違いは、準備にある。ヘッジファンドのマネジャーや銀行のトレーダーなどプロのトレーダーは、トレードを実行する前に調査や分析に何時間もかけている。この作業のなかには、１回のトレードでとるリスクの限度や、どこで利食うかを正確に決めておくことも含まれている。個人投資家の多くはヘッジファンドのマネジャーを目指しているわけではないだろうが、さまざまな意味でむしろ個人トレーダーこそこのような規律を必要としている。ヘッジファンドのマネジャーは何十億ドルもの資金を運用しているかもしれないが、この大部分は他人のお金である。ところが、個人トレーダーが運用するのはたとえ１万ドルや10万ドルであっても、それはすべて苦労して手にした自分のお金なのである。

自分に適した商品を選ぶ

トレーディングは、初めが肝心だ。最初のステップは、FXのどの商品が自分に最適なのかを見極めることだ。通貨への投資や通貨トレードの人気が上がり、マーケットへのアクセスも２～３年ごとに新しい方法が登場している。ちなみに、世界で最も古いマーケットはスポットで決済されるスポット市場で、この市場の価格がそれ以外のFX商品であるオプションや先物取引、先渡取引、ETF（株価指数連動型上場投資信託）の価格の基になっている。

マーケットはさまざまな方法で利用できるが、まずは自分が何をしたいのかを考えてほしい。投資なのか、トレーディングなのか、ヘッジなのかということである。すべてのFX商品がこの３つの目的のために使えるが、目的によってはより適した商品がある。

投資家が通貨の見通しに賭けたいときには、ETFや先物取引やスポットがよく使われている。ETFは、普通のブローカーで開設した株式口座を使って売買できる。投資家の多くは、株と同じようにETFを買って何カ月も保有している。ETF投資の最大のメリットは、NYSE（ニューヨーク証券取引所）などの証券取引所に上場されているため、いつでもその価値が分かることにある。ただ、株式市場の取引時間が終わると流動性がなくなり、そのことが最大のデメリットでもある。また、スポットで執行される原資産のトレードと比べて価格が不利で、すぐには執行されないことや、手数料がかかることなどもある。上場されている商品にこのようなコストがかかることは事実だが、それでも投資家の多くは安全性と単純さを求めてこれらの商品を買う。その通貨を数カ月間は保有するつもりならばなおさらだ。その一方で、スポット投資という選択肢もある。スポットはスプレッドの幅が最も小さい市場のひとつだが、レバレッジが高いため、破産するリスクも高い。スポット投資をする

図表4.1　レバレッジが損益に与える影響

ドル/円	50倍のレバレッジ	レバレッジを掛けない場合
86.50	＋1,734.10ドル	＋34.68ドル
86.00	＋1,162.79ドル	＋23.25ドル
85.50	＋584.79ドル	＋11.69ドル
85.00	100,000ドル	2,000ドル
84.50	－591.71ドル	－11.83ドル
84.00	－1,190.48ドル	－23.81ドル
83.50	－1,796.41ドル	－35.93ドル

ときには、レバレッジを低くするか、これに充てる資金を資産のほんの一部に限定するなどの注意が必要となる。

投機家がFXトレードをする場合は、スポットか先物取引を利用することが多い。スポット市場は世界最大の市場で、スプレッドは最小、１日の取引高は４兆ドル以上、そして本当に24時間トレーディングができる。また、アメリカでは個人向けのブローカーが提供する最高50倍のレバレッジも、このスポット市場で使われている。ただ、レバレッジは利益と損失の両方を拡大させるため、メリットにもデメリットにもなり得る。**図表4.1**は、2000ドルの投資に50倍のレバレッジを掛けた場合と掛けない場合の損益の違いを示している。50倍のレバレッジを掛けると、2000ドルの証拠金で10万ドル分の投資ができる。もし順行すればレバレッジが高いほど利益が増えるが、逆行すればレバレッジが高いほど損失が増えることになる。

ETFと同様に、通貨先物も取引所に上場されており、マーケットは流動性が高いうえに規制もかかっている。ただ、通貨先物のトレードは、取引単位が決まっているうえ、毎月ロールオーバーしないかぎり現物の受け渡しをしなければならない。そして、さらに売買手数料や委託手数料もかかる。先物取引は個人向けのFXブローカーと比較すると、証拠金や最低預け入れ金額が高く、レバレッジは低めになっている。

為替リスクをヘッジする場合は、先渡取引と先物取引とオプションが最もよく使われている。通常、先渡取引は直接銀行と取引するため、銀行が電話を受けてクオートを出し、特定の日に特定の金額を売買してくれるだけの大きな取引額でなければならない。一方、先物取引ならば取引所でトレードされているため、だれでも売買できる。先物取引は、決まった金額でトレードできるために企業には人気があるが、100%ヘッジしたい場合には適さないかもしれない。オプションの場合はリスクが限定されているが、期限（満期日）も決まっている。金額が大きければ、カスタマイズすることも可能だが、小さければ上場オプションを使えば良い。オプションにはレバレッジが掛っており、少額のプレミアムを支払う必要があるが、その額はタイムディケイとともに減っていく。

この２～３年、国際的なファンドのポートフォリオマネジャーが為替リスクをヘッジするケースが増えてきた。ただ、個人でも外国株を保有している場合は、通貨の不利な動きに備えてヘッジが必要かもしれない。ヨーロッパで保有している株が10％上がったのに、ユーロが７％下落して株の利益がほとんど相殺されてしまうようなことは絶対に避けたい。

オプションや先物取引やFX（要するに、すべての投機的な活動）にはリスクが伴うため、商品は正しく評価したうえで使う必要がある。

ブローカーを選ぶ

FXトレーディングの基本を理解し、自分に最適な商品が分かったら、次はブローカーを選ぶ。

FXブローカーは世界中にあり、地元にも業者がいるかもしれない。ただ、自宅に近いとかスプレッドが小さいブローカーが、信頼できる業者とは限らない。ブローカーを選ぶときには、次の点を考慮してほしい。

- 営業年数はどれくらいか。
- 法令を順守しているか。もしそうならば、何カ国で順守しているか。

- 十分な資本があるか。アメリカのブローカーに関しては、CFTC（商品先物取引委員会）のホームページ http://www.cftc.gov/MarketReports/ で公表されている。
- いくつ支店があるか。自分の住む国にもあるか。
- カスタマーサービスやテクニカルサポートを24時間提供しているか。自分の国の言語で対応してくれるか。
- 教育的なサービスはあるか。
- ウエブトレーディングやモバイルトレーディングを提供しているか。
- 口座開設時の最低預け入れ金額はいくらか。
- 提供しているチャートに自分が必要な機能がすべて入っているか。
- リアルタイムのニュースを提供しているか。
- それ以外にどのような付加価値サービスを提供しているか。

ブローカーを決定する前に、いくつかの業者でデモ口座を開設して、執行やカスタマーサービスなど使い勝手を試してほしい。カスタマーサービスが迅速かつ満足のいく対応をしてくれて、トレーディング用プラットフォームの説明が丁寧であれば、顧客を大切にするブローカーであることが多い。

トレード対象を決める

ブローカーを決めたら、いよいよトレード対象について考える。経験豊富なFXトレーダーの多くは、テクニカル分析とファンダメンタルズ分析を組み合わせてトレードを行っている。テクニカル分析はチャートを読む技術で、株や先物取引や商品を分析するのに幅広く使われている。もしチャートを読めるのであれば、基本的な分析方法は通貨も株式と変わらない。唯一の違いを挙げれば、相対でトレードするFX市場には出来高という指標がない。

もしテクニカル分析の経験がなければ、ファンダメンタルズ分析も考えてみるとよい。これは、マーケットやニュースリリースなどの大きな出来事に基づいてトレーディングをする方法だ。例えば、FRB（連邦準備制度理事会）の金融政策決定会議の内容に関して意見があれば、それに基づいてトレードを計画することができる。同じことは、消費者支出や雇用統計などについてもできる。株式トレーダーの多くは、これらが発表される前にポジションを建てておく。もし発表結果が株式市場にとって吉報ならば、それは通貨市場にとっても良いはずだ。また、予想外の場合にもその度合いが十分に大きければ、それまでの動きが続いていくだろう。驚くべきことに、１面のトップ記事もトレード対象になる。選挙で接戦が予想されているときは、不安定要因から通貨が下げることがある。同じようなことは、自然災害や伝染病などが発生したときにも起こりうる。

通貨トレードの経験則として、不安定要因がある時期は投資家はまず売って、そのあとで調べるということを知っておくとよい。そこで、自分の強みを生かして知っている分野でトレードすることが最善の方法となる。多くの初心者のトレーダーは、自国の通貨が活発にトレードされていれば、その通貨を中心にトレードしている。それは、彼らがその国にいて、経済状況をよく理解しているからである。

もしトレーディングを長く続けていくつもりで良いトレーダーになりたければ、ぜひテクニカル分析とファンダメンタルズ分析の両方を使いこなしてほしい。テクニカル分析を学べる本はたくさんあるが、ここでは最も詳しい１冊として、ジョン・マーフィーの『テクニカル・アナリシス・オブ・ザ・ファイナンシャル・マーケット（Technical Analysis of the Financial Markets）』（パンローリングより近刊予定）を挙げておく。ただ、テクニカルトレーダーにとってもファンダメンタルズ分析は重要で、これによって通貨の全体的なトレンドを知ることができる。一方、ファンダメンタルズを主体にしたトレーダーもテクニカル分析を使って仕掛けや手仕舞いのポイントを判断することができる。ニュースによってはテクニカルの見通しが変わることもあるし、重要な水準をブレイクすることで異常な動きの説明がつくこともある。そこで、テクニカルトレーダーも少なくともニュースには気をつけておいてほしい。重要なニュースが発表される前にレンジトレードを仕掛けていると、不必要なリスクをとることになる。

FXトレーダーが一番理解しておいたほうがよいツールに、FXブローカーが提供するチャートソフトの使用法と、これから発表される経済報告の予定が載ったカレンダーと、マーケットの最新の動きがリアルタイムで分かるニュースのアプリなどがある。これらはマーケットを把握し、熟練トレーダーが何を重要だと考えるのかを学ぶために不可欠な情報源だが、幸いなことに今では多くのFXブローカーがこれらを無料で提供している。

本章のまとめ

●長期の投資先を探すならば、単純なETFを選ぶ。

●ポジションを簡単に仕掛けたり手仕舞ったりできるスポット市場はFXトレーディングのなかでも非常に人気がある。

●リスクをヘッジしたければ、先渡取引や先物取引やオプションを試してみるとよい。

●最初に見つけたブローカーを使うのではなく、いくつかのブローカーを調べ、自分のニーズに合う業者をいくつか選んでデモ口座を開設する。

●長期間にわたってFXトレーディングを続けたければ、トレードの分析方法を学ぶ。全体的なトレンドを知るためのファンダメンタルズ分析と、仕掛けと手仕舞いのポイントを特定するためのテクニカル分析がある。

第5章

Movers and Shakers

What Causes Currencies to Go Up or Down?

金利を動かし、揺るがすもの

――何が通貨価値を上昇させたり、下落させたりするのか遊園地には、パイレーツと呼ばれる楽しい乗り物がある。この乗り物は振り子のように揺れるため、私たちの体は上がったり下がったりする。空に向かって高くスイングすると、体が宙に浮くような感じがするし、地上に向かって深く沈むと、あらゆるものが顔に当たってくるような感じがする。ただ、この動きはエンジニアがきちんと設計したものを運行担当者が規定どおりに動かしているにすぎない。一方、通貨はその価値が上がったり下がったりするが、それは事前に設定されているわけではなく、私たちが動かしている。もちろんたくさんの人がいなければ通貨は動かないし、わずか１％動かすだけでも数百万ドル、ときには数十億ドルもの資金が必要になる。通常、通貨は金融市場の大きなニュースや金利の上げ下げによって大きく動く。

大ニュース

金融市場で良い投資家や良いトレーダーを目指すならば、大ニュースを把握しておくことが必須条件になる。サブプライムローン危機や欧州ソブリン危機などニュース価値が高い出来事は、マーケットの全体的なセンチメントやその国の通貨の需要に大きな影響を及ぼす。これらの出来事は、為替レートを10～15％動かすきっかけとなる。通貨の価値に大きな影響を及ぼす出来事のいくつかを挙げておこう。

●政権交代またはその可能性
●経済危機
●G20後の金融大臣や中央銀行の重大発表
●中央銀行の介入
●ストライキや暴動
●戦争やテロ
●自然災害
●政府の決定

この２～３年だけでも、FX市場に影響を及ぼした１面記事がいくつもあった。アメリカやヨーロッパの手詰まり感のある選挙、日本の総理大臣の突然の辞任（日本の総理大臣は2006～2010年の間に５人も代わっている）、2010年のイギリスのブラウン首相とオーストラリアのロッド首相の失脚、タイの暴動、メキシコで発生した豚インフルエンザなどである。通貨は政治的資産と同時に経済的資産でもあるので、政治危機や社会危機が起こるとFXトレーダーはそこの国の通貨をまず売ってから、いろんな調査を始める。

政権の安定と有効性を脅かす出来事は、たちまち通貨に打撃を与える。通常、政治的な出来事に対する通貨への反応は、政治制度が不安定な新興国のほうが大きい。ただ、アメリカやイギリスのような先進国でも、さほど大したことのない政治問題が通貨に打撃を与えることがある。例えば、日本の財務大臣がG7後の会見に酔っ払って出席したという理由で更迭されるなどというバカげた出来事でさえ、円がドルに対して数日にもわたって急落する原因になった。もし新聞の1面記事を読むのが大好きでもビジネス欄は退屈だと思うならば、見出しを飾る出来事のなかで通貨が反応しそうなものはトレードチャンスかもしれないと考えると退屈ではなくなるのではないだろうか。

政治的な出来事や社会的な出来事はさまざまな金融商品に影響を及ぼすが、中央銀行の介入はFX市場だけの出来事である。通貨が極端に強くなったり弱くなったりすると、中央銀行は直接、為替市場に介入して通貨の動きを変えようとする。通貨の価値は経済や国内企業の競争力に直接的に影響があるからだ。中央銀行はまず口先介入から始め、介入を実施して通貨が上昇したり下落したりするのをやめさせようとする。ただ、これでうまくいくときもあるが、たいていはそううまくはいかない。そこはやはり行動のほうが言葉よりも明らかで、実際の介入のほうがはるかに効果がある。そこで、中央銀行は自国の通貨を売ったり買ったりして、為替市場に直接介入する。中央銀行が介入すると、例えば1日に100ピップス程度しか動かない通貨ペアが、ほんの何分間の間に150～300ピップスも動くこともあるため、介入は重要な出来事となる。トレーダーは自分のポジションに対して大きく逆行するかもしれない介入を非常に重要視している。ただ、介入によって通貨が天井や底を打つことはあっても、いずれはファンダメンタルズ（つまり、それまでの流れ）が追いついて、介入前のトレンドが継続することになる。

その好例として、スイスフランのケースを見てみよう。2008年10月から2009年３月までに、スイスフランはユーロに対して急騰し、史上最高値を更新した。当時、金融政策を緩和してスイスの景気回復を後押ししていたスイス国立銀行（スイスの中央銀行）はこの事態を大いに懸念して、2009年３月12日に通貨市場に介入し、スイスフランを売ってユーロを買った。これによって通常は１日平均70ピップス程度しか動かないユーロ/スイスフランが、ほんの２～３時間で500ピップス以上上昇した。介入の効果で、ユーロ/スイスフランは下げ止まり、その状態が９カ月間続いた。しかし、欧州ソブリン危機の影響が広がり始めると、投資家は安全性を求めて低利回りのスイスフランを大量に買い始めた。そしてその結果、スイスフランはユーロに対して前に付けた史上最高値を更新し、それからさらに９％も上昇した。スイス国立銀行は５月に再び介入し、ユーロ/スイスフランは３日間上昇したが、そのあとはファンダメンタルズが追いつき、スイスフランは再び上昇を開始した。

金利が向かう先

大きなニュースは起こっては消えていくが、金利はそのまま続く。金利が向かう先は、通貨の方向を左右する最も重要な要素と言ってよい。グローバル化によって、投資家は高い利回りを求めて資金をある国からほかの国へと簡単に動かせるようになった。例えば、自国の銀行では金利が0.1％しか付かない日本の投資家は、可能であれば４％以上の金利が付くオーストラリアにお金を預けたいと思うだろうか。たぶん、多くの日本人はイエスと答えるだろう。

中央銀行が公定歩合を変更すると、個人や企業だけでなく政府の借り入れコストにも影響が出てくる。企業にとっては、金利が上がると借り入れコストも上がるため、設備投資がしにくくなる。個人にとっては、クレジットカードや車や住宅のローン金利が上がるため、経済成長が鈍ってくる。反対に、金利が下がれば借り入れコストが下がり、それが企業の支出や設備投資を促すため、経済成長が加速する。長期的に見れば、高金利は経済成長を抑え、景気を下げていくが、短期的に見れば通貨は上がることが多い。また、投資家が最も金利が高い通貨に資金を移動すると、その通貨の価値は上がる。

その好例としてオーストラリアのケースを見てみよう。オーストラリア準備銀行（オーストラリアの中央銀行）は、2009年

図表5.1　豪ドルの金利引き上げが豪ドル/ドルのレートに与える影響

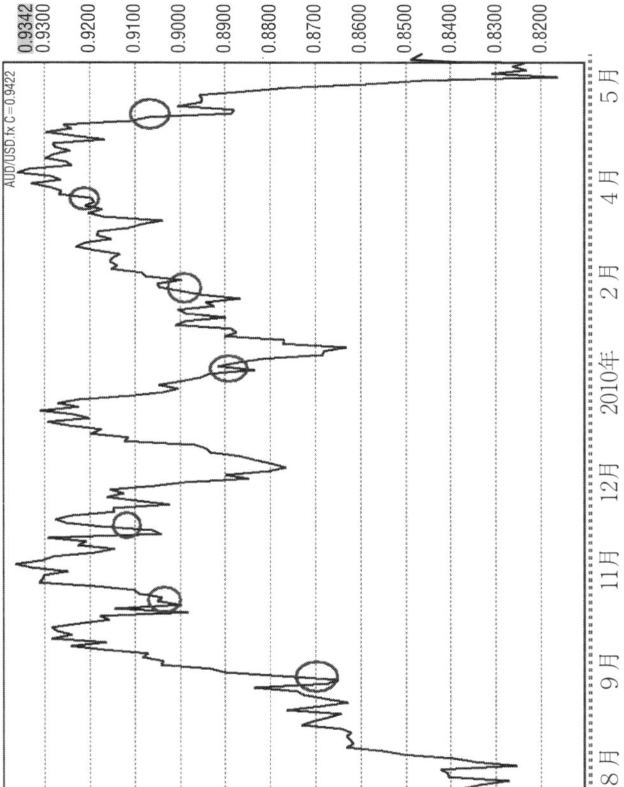

出所＝GFT Dealbook 360.

10月から2010年６月にかけて無担保コール翌日物金利を５回も引き上げた。これによって、オーストラリアの金利は先進国のなかで最高水準になり、マーケットを驚かせた。**図表5.1**は豪ドル/ドルの日足チャートで、金利に関する発表があった時期に丸が付けてある。このチャートをよく見ると、金利変更後にブレイクアウトして数日にわたってその動き継続しているケースが多いことが分かる。この時期は、主要国の金利が据え置かれていたなかでオーストラリアだけが金利を上げていたため、発表の反応が特に強く表れている。金融政策の変更が数日からときには数週間にも及ぶ値動きのきっかけになることが、発表後の値動きを見ればよく分かる。

金融政策発表以外に、中央銀行関係者の発言なども通貨を動かすことがある。中央銀行はボラティリティを嫌う傾向があり、自国通貨に対してとなれば、その傾向はさらに強くなる。そこで、彼らは金利変更の可能性を事前に示唆してマーケットに受け入れ準備をさせ、実際に発表したあとのボラティリティを減らそうとする。つまり、中央銀行総裁や金融政策委員の発言は、通貨に大きな影響を及ぼすことがあるのだ。よって、彼らは金融政策について直接的な言い方をすることもあれば、景気に対する自分の個人的意見という形で述べることもある。ただ、自分の発言がマーケットに影響を与えることが分かっているため、政策変更を明確に伝えたいとき以外はあいまいな言い方をする。

そのため、トレーダーは発言の行間を読んで当局のメッセージを正しく解釈しなければならない。例えば、４月にオーストラリア準備銀行が金利を引き上げたが、その１週間前にスティーブンス総裁が「金利はまだ『正常な水準』ではないと思う」と発言していた。これを受けて豪ドル/ドルは上がり始めたのだが、あとから考えればこの発言は、そのあと行われた25ベーシスポイントの利上げの予告だったのである。

ちなみに、デイトレーダーは経済データやマーケットのセンチメントやテクニカル指標に合わせてトレーディングをしている。

経済データ

主要な経済報告の発表が近づくと、世界中の金融メディアに緊張が走る。結果によって、トレーディングのトーンが決まるからだ。株式市場を動かす経済データは、通貨市場も動かす。中央銀行の金利決定（日中のトレーディングに使える）を別にして、どの国でも最もマーケットを動かす経済データといえば、次の３つだろう。

●雇用統計
●小売売上高

●製造業とサービス業のデータ

雇用統計

労働市場のデータは、経済の健全性を測るための最も重要かつ広い範囲に影響を及ぼすデータのひとつになっている。もしあなたもあなたの近所の人も働いていれば、２人とも消費することができるが、近所の人や友人が失業すれば、あなたを含めてみんなが消費を控えるようになる。ほとんどの先進工業国では、消費者の支出が経済成長の原動力になっている。マーケットが強気で雇用が安定していれば、より多くのお金が回って、それがさらなる消費を生み、高い経済成長につながる。そして、そのことが通貨にもプラスになることが多い。反対に、あちらこちらでクビ切りが行われれば、それは経済が停滞している兆しで、通貨にも悪影響を及ぼす。アメリカの雇用統計発表は、非農業部門雇用者数として報告されている。このデータの発表をきっかけに、ユーロ/ドルが大きく反応することもある。通常、ユーロ/ドルは１日に100～150ピップスのレンジで変動しているが、この統計が発表されると、１～２時間で100ピップス動くときもある。

小売売上高

雇用統計が消費者支出の行方を示唆するのに対して、小売売上高と消費者支出は消費者の実際の行動を教えてくれる。通常、雇用統計は小売売上高よりも先に発表されるため、マーケットに与える影響も大きい。通常、好調な消費者支出は、景気の回復や成長を示している（つまり通貨にも良い）。反対に、消費が減ると景気は下がったり鈍ったりする（つまり通貨にも良くない）。消費者が支出を抑えるようになると、企業の生産が減り、雇用も支出も減っていく。

製造業とサービス業のデータ

国の経済の基となる製造業とサービス業のセクターが健全であることは、その国の経済成長にとって非常に重要なことである。これらのデータは雇用統計よりも先に発表されるため、雇用の増減を示唆するシグナルになることもある。通常、この統計はPMI指数（購買担当者景気指数）として知られているが、アメリカではISM製造業景気指数が使われている。これらの指数は０～100で表され、50を超えると生産活動の拡大と成長、下回ると景気後退を示す。通常、景気が拡大すれば通貨も強くなり、景気が鈍れば通貨も弱くなる。

ただ、ニュースに基づいてトレードするときには、十分に注意してほしい。予期していない大事件が起こるとマーケットは急激に動くことがあるため、エクスポージャーを限定してリスクを管理しておくことが極めて重要になる。

マーケットのセンチメント

デイトレーダーは、スイングトレーダーよりもマーケットのセンチメントに頼る傾向がある。通常、通貨と株式は同じ出来事に反応するため、２つのマーケットの動きは非常によく似ている。ちなみに、ニュースも経済統計の発表もないときは、株式市場の動きが通貨市場の動きを牽引している。特に、ダウ工業株平均やそのほかの指標が大きく動いているときは、その傾向が強い。通貨トレードの日々の動きには、投資家のリスク選好度や神経質度が反映されている。株価が上がっているときは、トレーダーが楽観的でリスク志向が高まっているため、高利回り通貨への関心が高まる。反対に、株価が大きく下げているときはリスク回避の傾向が強いため、FXトレーダーも安全な低利回り通貨を求め、高利回り通貨のエクスポージャーを減らしていく。

テクニカル分析にも注意が必要

最後に、テクニカル分析には、デイトレーダーにとって弱点がある。テクニカル分析を使えば、仕掛けや手仕舞いの水準がピンポイントで分かる。その方法は第６章～第９章で説明していく。ただ、FX相場は経済データの発表もニュースもない静かなときに重要な価格水準をブレイクすると、急激に動くことがある。実は、切りのよい水準には、たくさんのストップ注文（逆指値注文）や指値注文が置かれている。結婚記念日を祝うのが９周年や19周年ではなく10周年や20周年なのと同じことで、注文を置く位置も区切りがよい水準や、50ピップス間隔などで選ぶ人たちが多い。つまり、100.00、1.110000などといった０が多い値には多くのトレーダーや投資家やヘッジ目的の企業が注文を置いているのである。切りがよい水準とは、基本的に小数点以下の最後の２桁が０の値（105.00や1.0200など）のことを言う。つまり、仕掛けや手仕舞いの注文が100ピップスごとに集まっていて、その水準をブレイクするとブローカーが注文を執行するため、価格が急激に動く可能性がある。

大きなニュース以外に、金利の方向や経済データ、株式、テクニカル指標、それにオプションの満期日、企業の吸収合併なども通貨市場に多少の影響を及ぼす。ただ、その影響は普通はさほど大きくならないし、長くも続かない。もし価格変動の理由としてこれらの要素が挙げられているときは、長続きしないことが多いので心配はいらない。

通貨を動かす要因を知ることは重要だが、それが分かっても仕掛けや手仕舞いのポイントは分からないところが、トレーディングの最大の謎かもしれない。FX市場でのデイトレードやスイングトレードには、さまざまな方法がある。次章では、素晴らしいトレードを探すための大変簡単な戦略とツールを紹介する。

本章のまとめ

- ●新聞の１面に載るほどの大きな出来事はトレーディングにも影響を与える。トレードを仕掛けるときはこれらの出来事も考慮する。
- ●政情不安が報じられると、通貨トレーダーはまず売って、それから調査を始める。
- ●長期的に見れば、通貨に影響を及ぼす最も重要な要素は金利である。金利は上がっても下がっても、糊づけしたようにまったく動かなくても何らかの意味がある。
- ●中央銀行関係者の発言には注意が必要である。内容によっては通貨にも影響が及ぶ。
- ●経済データや報告書の発表時期を調べ、すぐにトレードできるようにしておく。
- ●チャートを読むと（テクニカル分析ともいう）、トレードのヒントが得られる。みんな切りがよい価格に注文を置きたがるということを覚えておくとよい。

第6章

The Investor versus the Trader

Finding the Right Approach for You

投資家とトレーダーの違い
——自分に合ったトレード方法を探す

本章と次の第７章では、トレードの戦術と戦略についてたっぷりと説明していく。ただ、その前に友人のアンドリューとスティーブンを紹介しよう。FX市場にどう取り組むべきかについて、性格が正反対の２人がたくさんのことを教えてくれる。通貨をトレードする方法はいくらでもある。ポジションを何分間かしか保有しない人もいれば、何日間も保有する人もいる。どちらの戦略も、使う人――つまり、あなた――にそれが適していれば有効に機能してくれる。

アンドリューとスティーブン

アンドリューとスティーブンの兄弟は、２人ともニューヨーク市に住んでいる。兄のスティーブンは歯科医で、マンハッタンの中心街にある診療所はなかなか繁盛している。彼にはきれいな娘が２人いて、どちらも完璧な歯と申し分のないマナーを身につけている。弟のアンドリューは３歳年下の才能ある建築家で、小規模な住宅開発業者向けにサービスをする会社を経営している。２人は筋金入りのニューヨーク・ヤンキースのファンで、ゴルフやアップル社の製品も大好きだが、投資に関しては正反対の考えを持っている。

歯科医として裕福な生活を送るスティーブンは、１週間に35～40時間しか働く必要がない。彼もみんなと同様に１日10時間働いているが、診療所は週に４日間しか開けていないため、それ以外の時間はゴルフをしたり、iPadに入れた大量のアプリケーションをいじったり、投資の管理をしたりしている。彼は診療の合間や休みの日に、自分のトレードや投資のアイデアについて私にインスタントメッセージを送ってくる。敬虔なマック信者のスティーブンにとって、ひいきの銘柄はもちろんアップルだ。私は昔から、自分がよく知っているものに投資するよう助言してきたので、彼のトレード対象は医療用品関係の会社やアップルが多い。一般的に、歯科医は極めて忍耐強いと思われているが、スティーブンは違う。彼は、アップルの決算発表や製品のリリース発表やワールドワイド・デベロッパーズ・カンファレンス（アップルが毎年開催する開発者向けのイベント）が近づくと、買いや空売りを１週間に何度も繰り返すのである。アップルが何かをするとかしないという噂が流れると（例えばiPhoneがベライゾンを通じて販売されるなど）、スティーブンはいち早くそれを聞きつけるし、それに対する意見も持っている。ただ、いくらアップル自体や同社の現在と将来の製品に精通していても、結局は、彼は売るのが早すぎるし、買うのは遅すぎる。一応、彼の名誉のために言っておくと、彼はそれでも2009年と2010年に65％以上のリターンを達成している。

一方のアンドリューは、１週間に60～70時間働いている。彼には子供はいないが、投資物件をいくつか持っていて、それに手を加えたり、ブロンクスの恵まれない子供たちに勉強を教えるボランティア活動をしたりしている。スティーブンと同様、アンドリューも家や会社ではマック、ジムではiPhoneとiPod Shuffle、それ以外の活動ではiPadを使っている。彼は、アップルがいつか世界制覇を遂げて、どの家にもスティーブ・ジョブスの発明品が必ずあるという日が来ると信じている。ただ、彼にはスティーブンほど自由な時間がないため、トレード画面やCNET、MacRumors、Engadget などの情報サイトを1日に何回も見ることはできない。彼は、アップル社の株を2007年の初めから保有しており、お金が入ると買い増してきた。株価は、2010年半ばの時点で2倍以上になっている。彼はスティーブンに比べて白髪がずっと少ないが、それは彼が若いからというだけではない。

あるとき、私はスティーブンが娘の誕生日ケーキを受け取りに行くのに付き合って、彼の青いBMWに同乗していた。6番街を走っていると、タクシーがお客を乗せるために急に車線変更をしてきた。スティーブンは急ブレーキをかけて、ひどい悪態をついた。この場面は、彼の短気で我慢できない性格をよく表している。これを見れば、彼が株のポジションを2～3時間以上保有することができないのも不思議ではない。スティーブンは自由な時間の多くをトレード画面の前で過ごし、0.5ポイント動くたびに良くても悪くても感情的になる。診療所でも、アシスタントが準備をしているほんのわずかの間に、診察室の隣にある院長室に駆け込んで、トレード画面をチェックしているのだ。

アンドリューはその正反対で、運転もトレーディングも禅のような心境で取り組んでいる。ニューヨークでは、車の割り込みは日常茶飯事だ。この街で運転するならば車だけでなく、どこでも横切る歩行者やスケーターや自転車を避けて、サファリのごとく進んでいかなければならない。アンドリューの車に別の車が割り込んでくると、彼は静かにブレーキを踏み、あわてることなく運転を続ける。ヨガの経験も長いアンドリューは、忍耐強い人の見本と言ってもよい。２人を見ていると、投資行動の違いは自由時間の長さの違いという部分と、性格の違いという部分があるように思える。短気なスティーブンはトレーダーであり、禅僧のようなアンドリューは投資家である。

性格に違いはあっても、２人の投資ポートフォリオの管理は非常にうまくいっている。正反対の方法でマーケットに挑んで大成功したトレーダーの話は、ジャック・D・シュワッガー著**『マーケットの魔術師』**（パンローリング）や、私とボリス・シュロスバーグの共著**『FXの小鬼たち――マーケットに打ち勝った12人の「普通」の人たちの全記録』**（パンローリング）で紹介している。トレーディングが成功するための秘訣は、戦略だけでなく心理も同じくらい重要である。成功しているトレーダーは、自分の性格をトレーディングに当てはめるのではなく、自分の性格に合ったトレード方法を選んでいるのだ。もし長期投資を試したのに0.1％でも不利に動くと縮み上がってしまうようならば、おそらく長期投資には向いていないと気づくべきだろう。あるいは、１日に１回しかトレード画面をチェックできないし、早起きしてマーケットが活発に動いている時間にトレードすることもできないという人の場合は、長期トレードやスイングトレードのほうが適しているのかもしれない。短期でも長期でも、トレードで成功している人はたくさんいる。トレーダーになるか投資家になるかの判断は、自分の性格と使える時間を考慮して決めるべきだろう。

性格テスト――すぐに欲しがるタイプか、それとも待てるタイプか

　トレーディングと投資のどちらに向いているのかの目安になるテストを紹介しよう。

　もし、アップルがiPhoneの新製品をリリースしたらどうするか。次の２つから選んでほしい。

A．土曜日の朝、午前４時に起き、炎天下の行列に耐えて

リリースされたものをその日のうちに手に入れる。
Ｂ．ネットで注文して３週間後に送られてくるのを待つ。

Ａを選んだ人はトレーダー的な考え方をする。このタイプは、即座に満足を求め、そのための犠牲として何時間も炎天下で行列したり、トイレに行くときは周りの人に場所を取っておいてもらうように頼んだりしてまで、アップルの最新機種をすぐに手に入れたい。

Ｂを選んだ人は長期的に考えられるタイプで、目の前の利益に飛びつかずに待つことができ、無理をしない生き方をしている。

タクシー運転手の根比べ

タクシー運転手の性格からも、トレーディングについて多くを学ぶことができる。ニューヨーク市に住んでいると、タクシーに乗ることが多いが、タクシー運転手の普通では考えられないようなドライブ技術にはいつも驚かされる。タクシーメダリオンは、タクシーのボンネットにネジで止められているアルミのメダルで、タクシーの営業許可書になっている。これは、おそらくニューヨークで最も高いアルミの破片だと思う。メダリオンには、個人が所有しているものでは58万8000ドル、企業が所有しているものでは78万ドルという驚くべき費用がかかっている。特に、2004年に売り出されたメダリオンの価格がわずか33万9000ドルだったことを考えれば、企業が所有しているメダリオンの費用はあまりにも高すぎる。メダリオンが初めて販売されたのは1930年代で、当時の価格はわずか10ドルだった。以来、メダリオンは最高のブル相場と最も安定したリターンを記録してきた。しかし、なぜそんなに高いのだろうか。それはメダリオンの数が限定されているうえに、毎年安定して15～20％のリターンを上げているからで、これは世界的な金融危機のさなかも変わらなかった。ただ、平均的なタクシー運転手がこの高い営業権をどうやって買っているのかと不思議に思うのではないだろうか。実は、彼らのほとんどは買うことができない。メダリオンの所有者は、運転手１人当たり１週間に800ドルなどという金額でメダリオンを貸し出しているのだ。貧乏なタクシー運転手にとって、儲けを上げたければ１晩に料金とチップを合わせて115ドル以上稼ぐ必要がある。それを知れば、彼らがなぜあれほど積極的にバスやほかの車（スティーブンやアンドリューが運転しているような車）に割り込んでくるのか納得できる。

ただ、タクシー運転手がみんなただ漠然と市内を流しているわけではない。ニューヨークの空港に行けば、タクシー乗り場には何百台ものタクシーが係員の指示を待っている。ここで彼らはたいてい２～３時間は待たされる。なぜ彼らは12時間シフトのなかで、市内を流してできるだけたくさんのお客を乗せずに、空港なんかで時間を潰しているのだろうか。答えは、彼らの性格と忍耐力にある。

タクシー運転手の収入を毎週調査しているアメリカン・マスター・キャビー・タクシー・アカデミー（タクシー運転手の訓練所）によれば、フルタイムで夜のシフトに入っている運転手の稼ぎは１週間で平均約1000ドルだという。日中ならばもう少し減る。彼らが１週間に７日間働くとして（ほとんどはそうせざるを得ない）１日の稼ぎは約143ドルということになる。市内でタクシーに乗ると、普通は12～15ドルで、チップを含めれば15～18ドルになる。つまり、市内を流して１日で140ドル稼ぐためには最低でもお客を９人乗せなくてはならない。一方、ジョン・Ｆ・ケネディ空港から市内までは一律45ドルなので、チップと有料道路の料金を入れると約60ドルになる。つまり、タクシー運転手は空港から２回乗せて市内に行き、市内であと１～２人乗せれば140ドルになる。これは少ない労働ですむだけでなく、ガソリン代も節約できる。ただ、運転手が全員空港で待機してしまうと、市内にはタクシーがいなくなってしまう。空港で待つ運転手とそうでない運転手がいる理由は、結局のところ忍耐があるタイプとすぐに満足を得たいタイプがいるからだ。何時間待っても高い料金を得ようとする運転手もいれば、市内を回って、安い料金でできるだけ多くのお客を乗せようとする運転手もいるのである。

トレーダーの心理は、さまざまな意味でニューヨークのタクシー運転手の心理に似ている。完璧なチャンスが来るまで待つトレーダーもいれば、マーケットから目を離すことができず、小さい利益にしかならないと分かっていても注文を出してしまうトレーダーもいるのだ。

あなたはジャック・シェパードか、それともジョン・ロックか

ロストは、21世紀の最も有名なテレビドラマのひとつだろう。ロストの見所は、無人島での生存者たちが極めて危険な環境のなかで、情報もないまま次々と問題に立ち向かっていくところにある。簡単に言えば、登場人物はみんな状況を完全に把握しないままに生死を分ける決定を下さなければならない。なかでもジョン・ロックはそのことをだれよりも実証している。ただ、それはテリー・オクィン演じる悪意に満ちたスモーキー・ジョンではなく、失敗ばかりしている昔のジョンのほうだ。彼はいつも正しいことをしようとしているのに、なぜか間違った判断を下してしまうが、信仰心が厚く、本質は追従タイプの人物と

して描かれている。彼は、ジャック・シェパードという何にでも疑問を持つ理論的な人物とは対比して描かれており、２人はトレーダーの典型的なタイプである逆張り派と順張り派（トレンドフォロワー）でもある。

世界中のジャック・シェパードは、目の前のあらゆることに疑問を持つ逆張り派である。もしシェパードがトレーダーだったら、ユーロ/ドルが１％下落するたびに、よりよい買いのチャンスだと考え、底を打つのを期待する。一方、世界中のジョン・ロックとトレンドフォロワーたちは、変化の時を告げるサインが出るまで流れに乗り続ける。もしロックがトレーダーで、ユーロ/ドルが暴落していれば、反転するまで彼は売り続けるだろう。懐疑派や逆張り派は、レンジトレーディングに向いている。ロックがシェパードに自分のやり方をいくら勧めても、それは無理というものだ。しかし、おそらくそれ以外の人には、FX市場では強力なトレンドが現れるのでトレンドフォローの手法が適しているだろう。どちらの戦術も間違いではなく、性格の違うトレーダーが自分の性格に合った方法でマーケットに向かうための別々の手法と考えてほしい。

初心者のトレーダーは、自分の性格に合わせてトレードスタイルを決めると言うと、まったく理論的ではないと感じるかもしれないが、大事なことは自分の強みを生かすことなのである。もしベーブ・ルースがピッチャーに転向するとしたら、それは賢い選択なのだろうか。もしイタリア料理のマリオ・バタリが店を畳んで中華レストランを開くとしたらどうだろうか。あるいは、タイガー・ウッズは「ダンシング・ウイズ・ザ・スターズ」（有名人がプロのダンサーと踊るテレビ番組）に復活を賭けてみると言い出したらどうだろうか。おそらくどれも愚かな選択になるだろう。もしかしたらうまくいくことがあるかもしれないが、彼らの仕事は、彼ら自身が最もよく知り、最もうまくできることを基本とするべきなのだ。

このことは、私の同僚のボリス・シュロスバーグが著書の『テクニカル・アナリシス・オブ・ザ・カレンシー・マーケット（Technical Analysis of the Currency Market)』のなかでうまく説明している。

> 人生における冷酷な事実とは、われわれが大きく変わることはないということだ。ただ年をとっていくだけなのである。世界有数の実業家は、自分の強みを生かし、うまくできないことは能力のある同僚に担当させることで、自分の弱みを最低限に抑えるということを知っている。トレーディングもこれによく似ている。成功しているトレーダーは、自分の心理的側面に最もよく合う戦略を選び、マーケットが自分のスタイルに合わない状態のときはトレードから離れている。これは難しい方法とか簡単な方法とかと

いう問題ではない。トレーディングはすべて難しい。むしろ自然な行動をとるということなのかもしれない。しかし、なぜこのような考え方が大事なのだろうか。適切なトレーディングの方法を学んで十分な練習を積み、規律を守ればすむことではないのだろうか。それは違う。どれほど規律を守っていても、自分の自然な要求に逆らってトレーディングをしていると、いずれ自分のトレーディング計画を放棄して失敗することになる。

自分に適したトレーディングスタイルを選ぶとき、FX市場と株式市場では短期と長期の意味が違うということを覚えておいてほしい。FX市場では、レバレッジによって利益も損失も拡大するからである。

通常、短期のFXトレーダーはポジションを２～３分か、２～３時間か、２～３日程度しか保有せず、それより長くなればそれは投資とみなされる。ポジションを２～３分または２～３時間程度保有することをデイトレードと呼び、２～３日とか最高２～３週間程度保有するのならばスイングトレードと呼ぶ。デイトレーダーとスイングトレーダーは、まったく違う方法でマーケットに臨んでいる。スイングトレーダーは、数日に及ぶ動きにつながりそうな兆しを選んでトレードをしているが、デイトレーダーは価格変動につながりそうな小さな兆しを利用してトレードしているのだ。

本章のまとめ

- ●良いトレーダーになるためには、自分の性格に合った戦略を見つける必要がある。
- ●われわれはもう大人だ。自分の性格を簡単にトレーディングスタイルに合わせられるとは思わないほうがよい。
- ●もしあまり忍耐強くなければ、デイトレードが向いているのかもしれない。
- ●もし待つのが苦にならないタイプならば、中期的なトレードや投資に近いトレードが向いているのかもしれない。
- ●FX市場の長期と短期は、株式市場の長期と短期とはかなり違う。レバレッジを使うと利益も損益も拡大することを頭に入れておく。

第7章

What All Winners Do

Must-Follow Rules for Everyone in Forex

勝者のみんながやっていること

——FX市場における絶対ルール

成功した人たちには、勤勉とかプラス思考など、いくつかの共通点がある。もちろん、FXでの投資やトレードで成功した人たちにも共通点がある。私は、儲かっているトレーダーとも儲かっていないトレーダーともよく話をしているが、彼らの話と自分の経験からいくつかのヒントを得た。これは投資家にもトレーダーにも役に立つと思う。

多くの人がトレンドフォローは素晴らしい手法だと思っているのに、それを実行している人はほとんどいない。このことはFXトレーディングの最大の皮肉と言ってよいだろう。どのようにすれば儲けることができるのだろうか。

カッツのデリカテッセンは、1888年以来最高のパストラミサンドイッチを出す店としてニューヨークの名物になっている。この店自慢の黒コショウをまぶしたジューシーなパストラミを目当てに地元の客と観光客が押しかけ、店は昼夜問わずにぎわっている。ただ、パストラミサンドイッチの価格は、1990年には約7.50ドルだったが、2010年には２倍以上になっている。カッツは価格を２倍にしたのに、どうやってお客をつなぎとめてきたのだろうか。答えは、お客の数が常に十二分にいたからだった。

トレーディングでは、マーケット参加者の多くが自分のポジションと同じ側にいるときに利益が出る。ロングのときは買い手が増えれば価格が上がるし、ショートのときは売り手が増えれば価格が下がって、利益が増えていく。ところが、多くの人は直観的にこの流れに逆らって、天井や底をとらえようとする。驚くのは、この判断がある基準をもとに導き出されたものではなく、単なるエゴ（希望的観測）であることが多いことである。私たちは、逆張りするたびに「自分のほうが正しい。間違っているのはマーケットのほうだ。みんなと違って自分はだまされないぞ」とつぶやく。これが正しかったときの気分は最高だが、間違っていたときの痛手は大きい。FXトレーディングで儲ける秘訣とは、最大のエッジ（強み）であるトレンドに乗り、素早く利食いをし、休む時期を知ることにある。

トレンドに乗る

本書の前半で、通貨はトレンドを形成している時期のほうがトレーディングレンジにある時期よりも長いということについて詳しく書いた（トレーディングレンジとは、ある通貨が一定の高値と安値の間で推移していることで、トレンドとは高値や安値が更新されていくこと）。週足でも月足でもいいからユーロ/ドルの過去10年間のチャートを見てほしい。反転した月よりも、それまでの動きが継続した月のほうが多いはずだ。通貨の動きには、その国の経済見通しに対する投資家の思いが反映されている。そして、ある国の経済は、良くなるときも悪くなるときも徐々に変化していくことが多い。

例えば、ユーロ/ドルを見てみよう。**図表7.1**は、2006年から2010年半ばまでのユーロ/ドルの動きを示している。ユーロ/ドルは、2010年初めに6カ月間続けて下げ、2009年6～10月は、5カ月間連続で上げている。2008年には4カ月間続けて安値を更新して、20%以上も下落した。2006年と2007年のトレンドはさらに分かりやすい。週足チャートや日足チャートを見ると、逆張りで利益を得ることができるように見えるが、最大かつ最もストレスが少なく利益を上げるところはトレンドの方向に仕掛け、そのトレンドに乗ることにある。

ユーロ/ドルが2009年11月の1.50ドルから2010年6月の1.19ドルまで下げたとき、1.45、1.40、1.30、1.25、1.20といったポイントは、すべて価値のある重要な水準のようだった。結局、1.19ドルが最高の買いポイントだったのだが、天井や底がどこだったのかはあとになってみないと分からない。これについて、ヨギ・ベラは次のように言っている。

予想は難しい。特に未来については。

もしテンプルトン卿が通貨トレードをしていたら、売られ過ぎでも買われ過ぎでも、チャートからはみ出すくらいの極端な価格になるまで待ってから利食うだろう。ただ、テンプルトン

図表7.1　ユーロ/ドルの数カ月間に及ぶトレンド

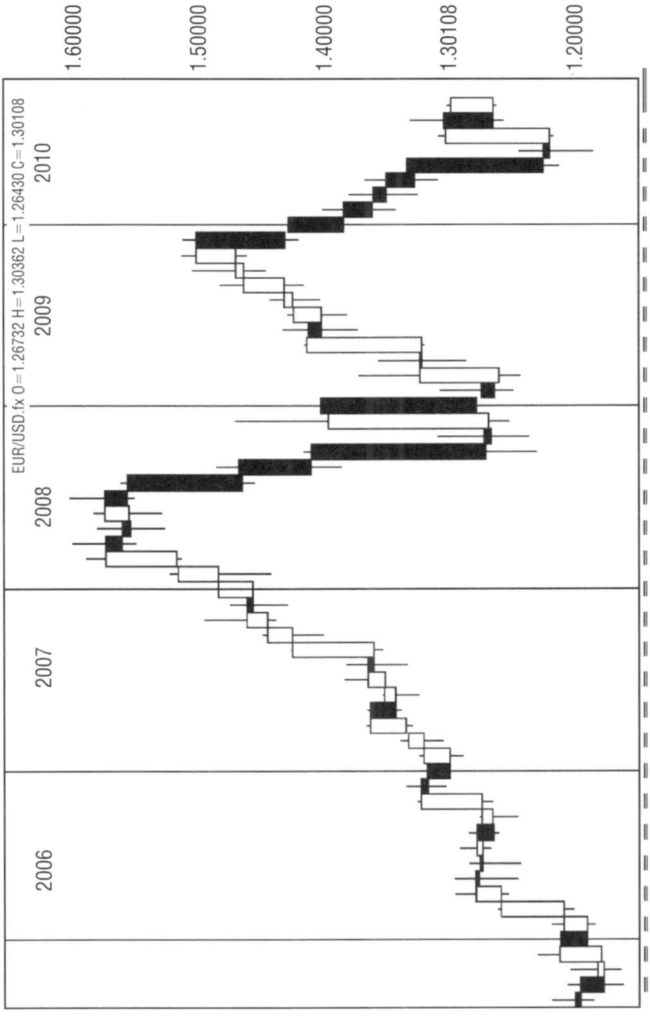

出所＝GFT Dealbook 360.

卿ほど資金がない人は、マーケットが反転するまでいつまでも待ち続けるわけにはいかない。テンプルトン卿のような多くの逆張り派や、ポールソンのように2006年にサブプライムローン危機に備えてポジションを建て始めたトレーダーたちは、相場が崩れる１回のチャンスで得る大きな利益を期待して、含み損を抱えながら何週間、何カ月間、ときには何年間も耐え続ける。ポールソンは、この手法で何十億ドルもの利益を上げたが、その栄光の陰には、大きな批判との戦いがあった。同僚たちは、ひとつの取り返しのつかないチャンスに満玉を張るのは危険すぎると考えていたからだ。結局、ポールソンの賭けは大当たりしたが、利益を手にするまでには１年もかかっている。

豊富な資金と十分な時間に恵まれた贅沢な通貨トレーダーはあまり多くない。FXブローカーは最高で50倍のレバレッジを提供しているが、普通のトレーダーはそれよりずっと小さい10倍のレバレッジでさえ、価格がわずか10％不利に動いただけで投資資金のすべてが吹き飛んでしまう。ポールソンは、彼の顧客が莫大な利益を得るためならば抵当保険の年間８％の損失でも受け入れると考えていた。ただ、普通の通貨の投機家が10倍のレバレッジを掛けて８％の損失を出せば、そのダメージは大きい。

それでは、どうすれば通貨が今、トレンド途上にあるのかどうかが分かるのだろうか。それにはさまざまな方法がある。なかでも、ADX（アベレージ・ディレクショナル・インデックス）と移動平均線を組み合わせる方法がよく使われている。ADXは、ウエルズ・ワイルダー・ジュニアという素晴らしく頭が切れる人物が**『ワイルダーのテクニカル分析入門』**（パンローリング）のなかで発表した指数で、トレンドの強さを評価することができる。ADXが25を超えて上昇していればその通貨はトレンド途上にあり、しかもそのトレンドはより強くなっている。もしADXが下降していればそれまでのトレンドは勢いを失いつつあり、25を下回ればレンジトレーディングに入った可能性が高い。移動平均線はモメンタムを測るツールで、トレンドの方向も分かる。もし価格が移動平均線よりも明らかに上にあれば上昇トレンドであり、下にあれば下降トレンドであることを意味している。

図表7.2は、ユーロ/ドルの週足チャートで、ADXと移動平均線を合わせて使うと、いつトレンドが始まったかが分かる。チャート内の矢印は、ADXを使って判断したトレンドの始まり（上向き）とトレンドの終わり（下向き）を示している。繰り返しになるが、ADXが25を超えて上昇しているときは、トレンドがその途上にあるサインで、25を下回るか下降しているときは、トレンドが衰退し始めたか、レンジ相場になったことを示している。移動平均線を使えば、トレンドの方向も分かる。**図表**の一番左の上向きの矢印と二番目の下向き矢印を見ると、

図表7.2　ADXを使ってトレンドに乗る

出所 = GFT Dealbook 360.

図表7.3　ボリンジャーバンド（BB）を使ってトレンドに乗る

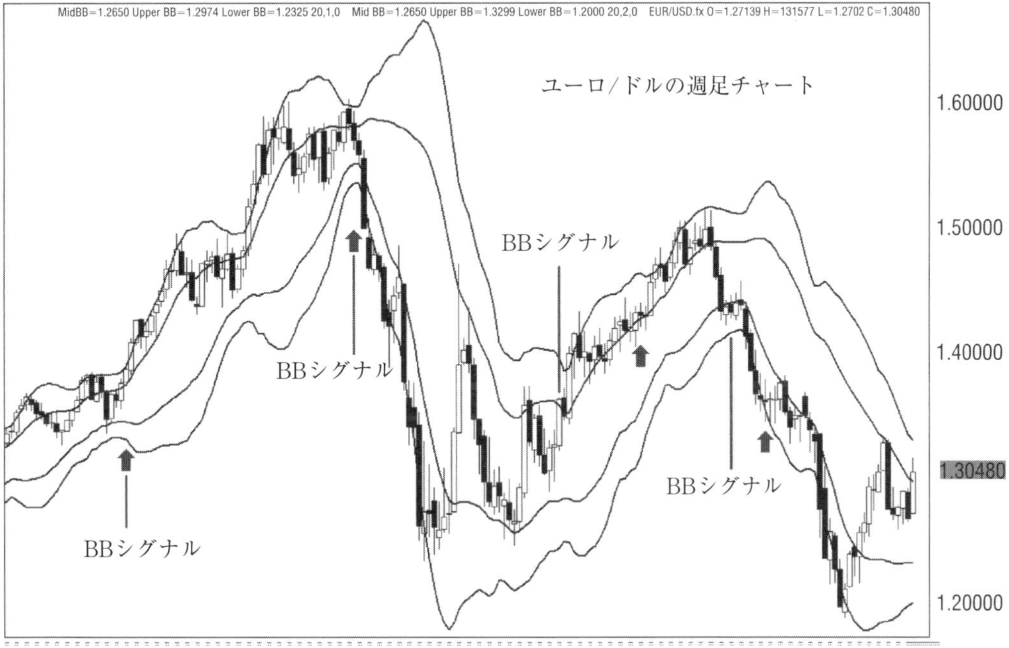

出所＝GFT Dealbook 360.

ADXが上昇トレンドの始まりと終わりを的確に示していることが分かる（価格が20期間移動平均線を上回っているから上昇トレンド）。ほかのトレンドについても同様だ。ただ、ADXの問題はシグナルが遅いときもあるので、必ずしも効果的な仕掛けや手仕舞いのポイントを示すわけではない。

それ以外に、ダブルボリンジャーバンド（BBバンド）を使ってトレンドがあるかどうかを判断する方法もある。**図表7.3**はトレンドの始まりを示したものである。矢印はADXのシグナル、縦線はボリンジャーバンドのシグナルである。これを見ると、最初の２つのシグナルはまったく同じタイミングで出ているが、最後の２つのシグナルはボリンジャーバンドのほうがADXよりもかなり早く出ている。ボリンジャーバンドは、トレンドの有無とその方向だけでなく、さまざまな方法でトレードにも使うことができる。ダブルボリンジャーバンドは、私自身のトレーディングにおいても重要な部分を占めている。第８章は、私の手法を理解してもらい、ポジションを建てる方法の説明にすべてを費やしている。

素早く利食え

FX市場でトレンドに乗り続けることは大きな強みになるが、トレーディングを続けていくための本当の秘訣は素早く利食うことにある。多くのトレーダーが完璧な仕掛けポイントを探すためには何時間もかけるのに、手仕舞いポイントにはほとんど注意を払わない。しかし、実際の勝敗はどこで利食うかによって決まる。私が大手投資銀行のトレーダーだったとき、両隣にはトムとマサというベテラントレーダーが座っていた。ある日、２人はまったく同じタイミングでユーロ/ドルについて反対のポジションを取った。そして、その日の取引が終了すると、２人とも利益を出していた。それは、なぜなのだろうか。トムは大きなポジションで20ピップスの利益を狙っていたため、１時間以内に手仕舞っていた。一方のマサはこの日のほとんどの時間をかけて保有し、仕掛けた直後の含み損に耐えて価格が反転するまで待っていたため、目標の50ピップスを手に入れた。２人が同じ時間に正反対のポジションを建てたことを見れば、仕掛けは勝敗にまったく関係がないことが分かるだろう。２人が成功したのは、正しく仕掛けたからでなく、正しく手仕舞ったからなのである。

トレーディングや投資の入門講座では、リスク・リワード・レシオを必ず２対１以上にしなければならないと習う。言い換えれば、200ドルの利益が期待できなければ、100ドルのリスクをとってはならないということだ。理由は、もしこのレシオがもっと高ければ、勝率が50％以下でもトントンになるからである。例えば、50ポイントのリスクで150ポイントのリターンが期待できるトレードであれば、勝率が30％でも結果はプラスになる。つまり、10回中７回負けても、リターンはプラス100ポイントになるのである。なかなか良い話ではないだろうか。

トレーディングでは通常、勝ちトレードの利益が負けトレードの損失よりもずっと大きくなるようにしろと習う。しかし、FXトレーディングをしていると、仕掛けたトレードの利益が膨らんだあと、手のひらに置いた氷のようにみるみるしぼんでいって、結局は負けトレードになった経験があるだろう。問題は、マーケットが普通はあまり寛大ではないことにある。一部のトレーダーにとって、リスク・リワード・レシオが２対１のトレードは理想的ではあっても、現実的ではないのである。

ここで、ある短期トレーダーがあるトレードでリスクを35ピップスのみとるとしよう。すると、２対１のリスク・リワード・レシオを厳守するためには70ピップスのリターンが必要になる。しかし、このトレードの通貨ペアは、１日平均100ピップスしか動かない。つまり、このトレーダーはトレード画面をチェックできる限られた時間のなかで、１日の平均レンジの70％を取らなければ70ピップスの利益を上げられないことになる。別のシナリオも見てみよう。もしこのトレーダーが20ピップスの利益を目指しているならば、２対１のリスク・リワード・レシオに従ってストップを10ピップスのところに置かなければならない。しかし、10ピップスのストップでは、瞬きしている間に引っかかってしまうかもしれない。特に、通貨によってはスプレッドの関係で、10ピップス離したところに置いていても、実質的には７～８ピップス離したところに置いていたのと同じ可能性もある。

リスク・リワード・レシオに関して理想に走りすぎると、マーケットから儲けられる以上のものを期待することになり、スキャルパーは大変狭いストップを置くことになりかねない。それならばどうすればよいのだろうか。T1－T2方式を使えばよいのだ。

日なたに置いた氷のように、利益が目の前で消えてなくなっていく状況を最小限に食い止めるため、多くのプロのトレーダーはT1－T2方式を使って利益を確定し、手仕舞っている。T1は目標値１、T2は目標値２を意味している。T1－T2方式は、私が出会った多くのトレーダーのリターンを改善しただけでなく、私自身もこれを使ってトレードしている。この方式では、保守的で簡単に達成できそうな１つ目の目標値と、もっと意欲的な２つ目の目標値を設定する。例えば、40ピップスのリスクをとるつもりならば、１つ目の目標値は40ピップスの辺りに設定する。もしネットでプラスになりたければ、私の戦略では勝ちが負けより60～70％多くなければならない。しかし、目標値１が仕掛け値に近い40ピップスならば、そこに達する可能性は70ピップスの目標値２よりもずっと高い。そして、目標値１に達したら、ポジションの半分を手仕舞い、残りのポジションのストップを仕掛け値の位置に移動する。つまり、ストップに引っかかってもトントンになるようにするのである。もしマーケットが引き続き順行すれば、トレイリングストップを追わせて含み益を逃さないようにする。もしマーケットが最初に仕掛けた価格まで逆行したとしても、トントンで手仕舞えばよい。ただ、最初にポジションの半分を利食っているので、トレード全体としては利益が出ている。

なぜ、これがうまくいくのだろうか。「利益の80％は20％の社員が生みだしていて、20％の顧客が利益の80％をもたらしている」という法則はだれでも聞いたことがあると思う。同じようなことがトレーディングにも言える。トレンドは強力になることもあり、その動きをできるだけ多くとらえることが重要だが、それと同時にリスクは限定しなければならない。ただ、含み益は含み益でしかなく、いつ氷山に衝突して消滅するかも分からない。そこで、一部を早目に利食っておいて、残りは伸ばせるところまで伸ばしていきたい。トレーディングに関しては、手中の１羽はやぶのなかの２羽に匹敵するのである。

T1－T2方式がうまく機能する理由は、人間の心理にもある。私のビジネスパートナーであるボリス・シュロスバーグは、このことを顧客に説明するとき次のような質問をする。「２つの戦略で10回ずつトレードした結果を選べるとします。１つ目の戦略では、９回は１万ドルずつ負けて合計で９万ドルの損失のあと、10回目で12万ドル勝ってネットで３万ドルの利益を得られます。２つ目の戦略は、７回目まで２万ドルずつ勝ってから最後の３回で４万ドルずつ負け、ネットで２万ドルの利益を得られます。さて、どちらがいいですか」

一見、最初の戦略のほうが儲かるように見えるが、この手法ではトレーダーの90％がやめてしまうことになる。人は負けるのが嫌いだし、それが続けばなおさらだ。最初の戦略を分析してみると、勝ちトレードは10回に１回しかない。これは平均的なトレーダーにとって、宝くじを買うようなものだ。おそらくトレーダーは３回目に負けたところであきらめてしまうため、この戦略で勝ちトレードにたどり着くことはけっしてないだろう。そして、少しでもその負けを取り戻そうと必死になるあまり、勝っているトレードを早目に利食い、結局はトータルでマイナスの結果に終わってしまう。最悪の場合は、勝ちトレードの直前であきらめて、９回連続で負けたときに撤退してしまうということも十分にあり得る。

一方、２つ目の戦略では、10回中７回勝っている。このことだけでも、トレーダーは計画どおりにこの戦略を実行する可能性が高い。さらに、運が良ければ大きな負けトレードのときに仕掛けずに、パフォーマンスが向上する可能性すらある。これが逆エッジのパラドックスである。

私たちが逆エッジでトレードするのは、これが数学的に優れているからではない（違うことは分かっている）。実際、T1－T2方式がうまくいくためには、勝率が60～70％ないと、２回以上負ければ損失が２倍になってしまう。私たちが逆エッジでトレードするのは、これが気持ち的に楽だからである。トレーディングの本質は理論的な要素よりも心理的な要素のほうが常に大きいのだ。学者は、人間の弱さという要素をけっして考えないが、もしかしたらこれがトレーディングを長期間続けていくための最も重要な要素かもしれないのだ。

休む時期を知る

トレーディングで３つ目のエッジとなるのは、いつ休むかを知ることである。トレンドを利用したトレードで最も危険なことは、価格を追いかけることだろう。このことは、イーベイなどオークションで競り合って、結局、中古のガラクタの商品に小売価格の２倍も支払って後悔したことがあればよく分かるだろう。次のチャンスは必ずある。休む時期を知っておこう。

本章のまとめ

●通貨市場のトレンドは非常に強くなることがあるため、トレンドの方向に合わせたトレードを探す。

●リスク・リワード・レシオを２対１にするという教えは必ずしも現実的ではないため、その考えは捨てる。

●勝ちトレードを負けトレードにしない。早い時点で段階的に利益を確保していき、ポジションの一部をトレンドに乗せておく。

●もしトレンドが行きすぎたときは、価格を追いかけない。それをすれば、損切りせざるを得なくなるリスクが高まる。

第8章

So You're an Investor?

Slow and Steady Wins the Race

あなたは投資家？
――ゆっくりと着実な方法で勝つ

町と町を結んでゆっくりと走る機関車のように、ゆっくりかつ着実な投資は無理をしないことが重要だ。列車の旅を楽しみ、目的地までにかかる時間を考えてあせってはならない。第６章では、FX市場での投資と株式市場での投資に少し違いがあることについて書いた。FX市場では高いレバレッジが可能で、それによって損益も拡大するため、通貨取引ではそのポジション保有期間は株式市場のそれよりも短い傾向がある。本章では、数週間程度の動きに乗るためのさまざまな方法を紹介していこうと思う。

私のキャリアのなかでも最も印象に残っていることのひとつに、シンガポールでの講演がある。私がトレーダー向けにダブルボリンジャーバンド（BBバンド）について説明していると、出席者のうしろにジョン・ボリンジャー氏が立っていて私の話を聞いていたのだ。ボリンジャーバンドの発案者で、この名前の由来でもあるボリンジャー氏本人である。のちに彼は私の同僚に、「バンドの賢い使い方だ」と話したという。何百とあるテクニカル指標があるなかで、私はダブルボリンジャーバンドが断然気に入っている。年月がたつうちに、ボリンジャーバンドは私のトレーディングにおける必須の要素になっていった。ダブルボリンジャーバンドの素晴らしい点は、行動につながる情報をたくさん提供してくれることにある。このバンドを使えば、対象通貨がトレンドにあるのかレンジ相場なのか、トレンドの方向は上なのか下なのか、トレンドは威力を増しているのか衰えているのかなどということが分かる。そしてさらに重要なのは、これが仕掛けのポイントやストップを置くべき場所まで教えてくれることである。

ボリンジャーバンドの基本

ダブルボリンジャーバンドの使い方を説明する前に、まずは仕組みを説明しておこう。ボリンジャーバンドには３本の線がある。真ん中にあるのは20期間移動平均線で、その上と下にある線は移動平均線から標準偏差の一定倍数だけ離れた値を示している。２車線の高速道路を思い浮かべてもらって、中央分離帯が移動平均線で、両側の壁が標準偏差の一定倍数だけ離れたところだとイメージしてもらえばよい。

多くのチャートソフトは、ボリンジャーバンドのデフォルトのパラメータが20期間と２標準偏差に設定されている。バンドの算出方法は複雑かもしれないが、どのように活用するかのほうが重要で、その理解も難しくない。

バンドの目的は、過去20期間に価格が平均からどれくらい上下したかを示すことにある。統計の入門講座で習うとおり、２標準偏差には全体の95％の動きが収まり、５％だけがその範囲から外れる。つまり、価格が２標準偏差まで達するのはまれな出来事ということになる。これを通貨に応用すると、価格が２標準偏差のバンドに達したときは、値動きの95％が収まる範囲の極限に達したことになる。ただ、通貨チャートにボリンジャーバンドを書き入れてみると、極限に達することが想像以上に多いことに気づく。実は、通貨は一方向に長期間動くことがよくあるので、５日連続でボリンジャーバンドに触れていることもある。まれな出来事のはずなのに、通貨の値動きでは普通の出来事になってしまっているのだ。そこで、ボリンジャー氏の発明をさらにより有効に活用するためにダブルボリンジャーバンドが考案された。

ダブルボリンジャーバンド方式では、２セットのボリンジャーバンドを使う。先に紹介した２標準偏差のバンドに加えて、１標準偏差も使うのである。ただ、チャートを見やすくするために、真ん中の20期間移動平均線は表示させない。**図表8.1**は、ドル/円の日足チャートにダブルボリンジャーバンドを表示させたもので、外側の２本の線が２標準偏差、内側の２本が１標準偏差を示している。ダブルボリンジャーバンドを設定したら、これらを使って現在の相場はレンジ相場なのかトレンドなのか、いつトレンドが衰えたのか、トレンドのなかで価値ある仕掛けポイントはどこか、新しいトレンドにいつ乗るのかなどということを調べていく。

ダブルボリンジャーバンドが教えてくれる最も重要なことは、

図表8.1　ダブルボリンジャーバンドを書き込んだドル/円チャート

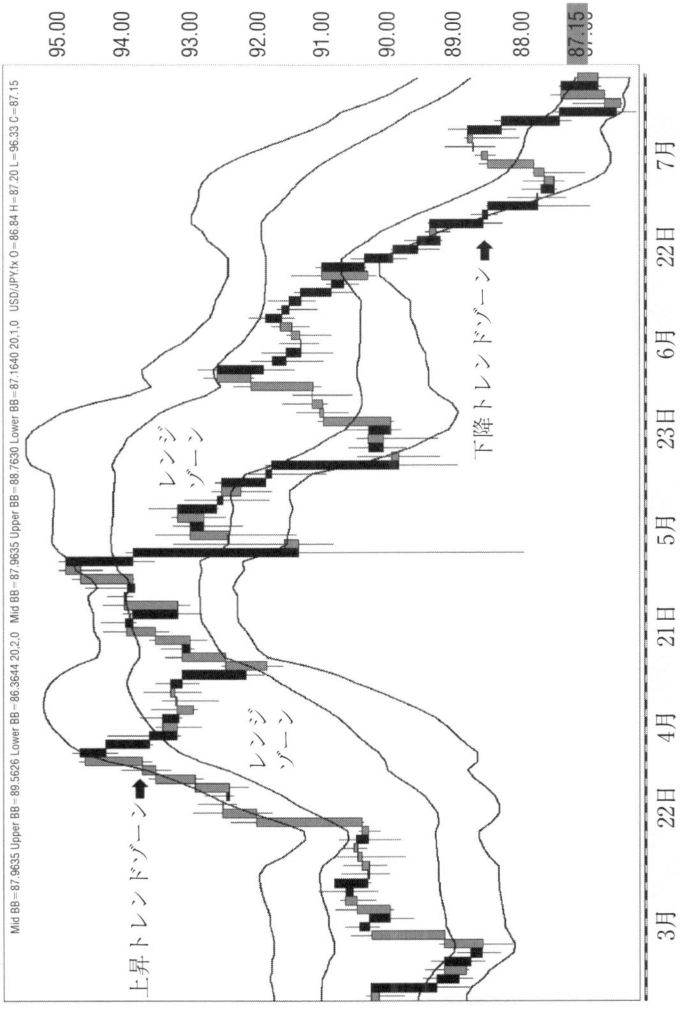

出所＝GFT Dealbook 360.

その通貨がトレンド途上にあるのかレンジ相場なのかということで、強いトレンドが発生しているときはその動きのほとんどがボリンジャーバンドの１標準偏差と２標準偏差の間に収まっている。この情報には５億ドル級の価値がある。また、ダブルボリンジャーバンドはトレンドの方向も教えてくれる。チャート下部の２本のバンドは下降トレンドの動きを、チャート上部の２本のバンドは上昇トレンドの動きをとらえているからである。

つまり、価格がチャート上部の２つのバンドである１標準偏差と２標準偏差の間を推移していれば上昇トレンド、価格がチャート下部の２つのバンドである１標準偏差と２標準偏差の間を推移していれば下降トレンドということになる。通常、トレンドがあれば、終値は２本のバンドの間にあり、そうでない場合は、トレンドが衰え始めていることを示している。トレンドが弱いと、価格の動きは１標準偏差（内側の２本の線）が示すトレーディングレンジのゾーンに収まってくる。４本のバンドが近い位置にあれば、相場は横ばいであることはひと目で分かる。つまり、バンド同士が広がっているときや離れているときは、トレンドがある証拠で、トレンド指標として利用できる。

例えば、**図表8.1**のドル/円チャートの６月上旬から下旬にかけて相場が90円から87円まで動いたときは、１回も下降トレンドゾーンよりも上では売買されていない。このチャートには、上昇トレンドゾーン、下降トレンドゾーン、レンジゾーンをそれぞれ書き込んであるので確認してほしい。

トレンドが衰えるときを知る

相場が上昇トレンドゾーンや下降トレンドゾーンを外れてトレーディングレンジに入ると、トレンドが衰えた証拠になる。そのため、底値買いや天井売りを狙う人にとって、ボリンジャーバンドは分かりやすくて使いやすいツールだといえる。相場が高く見えるとか安く見えるという理由でやみくもに天井や底を判断するのではなく、ボリンジャーバンドを使えばトレンドがまもなく終わるかもしれない時期がはっきりと分かる。もう１回、**図表8.1**のドル/円チャートを見てほしい。ドル/円が上昇トレンドゾーンを下に突き抜けると、そのまま下の１標準偏差の線まで下落していることが多い。反対に、相場が下降トレンドゾーンを上に突き抜けると、上の１標準偏差の線まで上昇していることが多い。もちろん100％そうなるというわけではないが、十分意味のある頻度だと思う。つまり、もしドル/円が下落して（円が上昇して）下降トレンドゾーンのなかで売買されていれば、終値が下の１標準偏差のバンドを上抜くまで待ってから仕掛け、そのすぐあとに直近の重要な安値の位置にストップを置くのが実践的な方法になる。上の１標準偏差のバンドを目標値にしてもよいが、それは200～300ピップスも離れていることが多いため、その代わりにT1－T2方式を使ってある程度の利益が出たらポジションの半分を手仕舞いし、トレイリングストップを置いて残りのポジションを見張っておけばよい。または、チャートに15期間単純移動平均線を重ねてみると、上昇トレンドゾーンや下降トレンドゾーンを抜けたあとはほとんどの場合が15期間単純移動平均線に達しているため、ここにポジションの最初の半分を手仕舞うための指値を置いていてもいいだろう。

トレンドのなかのバリューポイントを探す

トレンドフォロー型のトレーダーのほとんどは、正しい仕掛けの位置を探すのに苦労している。トレンドが非常に強いと動きが速いので、トレンドの最初のころに買いそびれた場合、結局は高値で買ったり安値で売ったりすることになりかねない。価格だけを追いかけていると失敗することがあるのは、ポジションを逆行リスクにさらすことになるからである。例えばよくあることだが、急落後に相場が少し戻ってストップに引っかかったあと、再び元の下降トレンドが継続する場合などがある。また、モメンタムが最も強いときのトレンドに飛び込んでしまうと、テクニカル的に見て意味のあるストップをどこに置けばよいのかが難しくなる。この問題を解決するため、ダブルボリンジャーバンドを使ってトレンドのなかのバリューポイント（価値ある仕掛けポイント）を探す。これは簡単に言えば、安くなるのを待ってから買ったり、高くなるのを待ってから売ったりするということで、この教えは割引価格で買うためにクーポンをためて待っていた祖母の時代から変わっていない。

流れに乗りたければ、普通はランダムに仕掛けるよりもボリンジャーバンドの１標準偏差のラインまで再び押したり・戻ったりするのを待つほうがよい。前にも書いたとおり、終値が上昇トレンドゾーンを下抜けたり、下降トレンドゾーンを上抜けたりしたときは、トレンドが衰えてきている証拠でる。つまり、終値が上昇トレンドゾーンや下降トレンドゾーンのなかにあれば、トレンドの勢いは衰えていないということである。

もし上昇トレンドのときにバリューポイントを探す場合は、相場が押したあと、上の１標準偏差のバンドまで上昇するのを待つ。トレンドに乗りたければ、そこで買ってストップを15日単純移動平均線の少し下に置けばよい。ただ、トレンドがどこまで続くかは分からない以上、ここでもT1－T2方式でトレードを管理してほしい。

もし下降トレンドのときにバリューポイントを探す場合は、相場が戻したあと、下の１標準偏差のバンドまで下落するのを待つ。１標準偏差まで下落したら空売りして、ストップは15日移動平均線よりも少し上に置けばよい。

図表8.2に、ダブルボリンジャーバンドを使って探したトレンドのなかのバリューポイントが示してある。丸を付けたところが仕掛けのポイントだ。2010年６～７月に、ポンド/ドルは強い上昇トレンドを形成していて、相場は1.46ドルから1.54ドルまで動いた。この上昇トレンドのなかでは８回、バリューになったポイントで仕掛けるチャンスがあった。もし終値がバンドから外れている場合は仕掛けるべきではない。結局、これらのチャンスは１回を除いて、それまでのトレンドが継続した。このヒット率ならば役に立つだろう。100％当たるトレード戦略は無理でも、勝ちトレードが負けトレードよりはるかに多い戦略のみを使っていきたい。

このチャートでは、６～７月の動きの前に強い下降トレンドがあり、ポンド/ドルは1.52ドルから1.43ドルまで動いていた。このトレンドは１カ月に満たなかったが、強くて影響も大きく、ポンドをロングしていた人はストップに達してしまった可能性が高い。この下降トレンドにも、バリューポイントで仕掛けるチャンスがいくつもあった。**図表8.2**は少なくとも４つの空売りのチャンスを示している。１標準偏差のボリンジャーバンドで売って、ストップを15期間移動平均線（点線）の少し上に置いておけば、良いところで下降トレンドに乗ることができ、正しく手仕舞えば利益を上げることができただろう。

図表8.2　トレンドのなかのバリューポイントは？（ポンド/ドルの日足チャート）

出所＝GFT Dealbook 360.

そして、もちろん手仕舞い方がカギとなる。１標準偏差のバンドで売買すると、数日間で少なくとも何百ピップスもの流れに乗れる完璧なポイントで仕掛けられるときがある。ただ、仕掛けたその日のうちに逆行して翌日にまた順行するというケースもよくあり、**図表8.2**の６月と７月にも何回も起こっている。ポンド/ドルは全体的には上昇していたが、その間には上昇日も下降日もあった。だからこそ、手仕舞うときにはT1－T2方式を使うことが極めて重要になってくるのである。ポジションの最初の半分は、保守的な利益（30ピップス、60ピップスなど）を手にしたところで手仕舞う。これはリスク額より小さいかもしれないが、それはかまわない。この手法のポイントは、負けよりも勝ちを多くすることにある。ポジションの半分で利益を確定したら、残りのポジションのストップは仕掛けた価格の位置まで動かして、有利な動きが続けばストップもそれに合わせて動かしていく。トレイリングストップは使いやすい間隔で動かしてよいが、私は主要通貨には30ピップス間隔で動かしている。

新しいトレンドの始まり

最後に、ダブルボリンジャーバンドは新しくトレンドが始まることも教えてくれる。相場が上の２つのボリンジャーバンドの間にあれば上昇トレンドで、下の２つの間にあれば下降トレンドだということはすでに書いた。ただ、そうなる前にはどこかで２本のバンドの外側からなかに入るときがあるはずで、そのポイントこそ大きな可能性を秘めた新しいトレンドに乗るチャンスかもしれない。ニューヨーク市場が引けたときに（東部標準時の午後４時）価格が２本のバンドの間にあれば、それから何日間かそのゾーンにとどまる可能性は十分ある。

図表8.2をもう一度見てほしい。左から右に見ていくと、最初の矢印のところでポンド/ドルがトレーディングレンジから下降トレンドゾーンに動き、翌日もその流れが継続している。ただ、このときはわずか24時間でポンド/ドルが下降トレンドゾーンから離れたので、あまり大きな流れではなかった。しかし、３日後に再び同じパターンでポンド/ドルが下降トレンドゾーンで引けたときは、強いトレンドになって約１カ月間、その動きは継続した。前者の例のようなシナリオはかなりよく起こるが、後者のシナリオもさほど珍しいことではない。つまり、トレンドがその後大きく進展するかどうかはだれにも分からないので、そのためにはT1－T2方式を使って手仕舞うことが大変重要になる。ダブルボリンジャーバンドを使えば何週間も続く新しいトレンドに必ず乗れると期待したいところだが、そこは現実的になって２～３時間しか続かない動きもあることを認めなくてはならない。そこで、最初に利益を確定しておいて、

あとどれだけ増やせるかはマーケットに任せておけばよい。

左から３番目の矢印（右から２番目）の日も、ダブルボリンジャーバンドの間で引けている。このときは上昇トレンドゾーンに入っているが、残念ながらこれは負けトレードになった。トレード戦略に百パーセントうまくいくものはないため、私は勝ちトレードとともに必ず負けトレードも紹介することにしている。最後は左から４つ目の矢印（一番右端の矢印）で、この日も上昇トレンドゾーンで引けている。このときは、その後１カ月近く続く上昇トレンドの始まりを教えてくれた。

ダブルボリンジャーバンドは、私が愛用するテクニカル指標で、私のFXトレーディング成功の秘訣となっている。これが読者のトレーディングの助けにもなることを願っている。

本章のまとめ

●ボリンジャーバンドは、トレンドを探すのに大いに役に立つ。相場がダブルボリンジャーバンド（上の２本でも下の２本でもよい）の間にあれば、トレンドがあることを示している。

●相場が上昇トレンドゾーンか下降トレンドゾーンに入ると、新しいトレンドが始まる可能性がある。

●相場がダブルボリンジャーバンドから外れると、トレンドは衰えてきた可能性がある。

●待って安くなるのならば、高く買いたくはない。待って高くなるのならば、安く売りたくはない。トレンドの方向に合わせて仕掛けるときは、相場が再びボリンジャーバンドのなかに入るまで待つ。

第9章

So You're a Trader?
Fast and Furious for Quick Profits

あなたはトレーダー？
――素早く利益を上げたいワイルドタイプ

スピードに関するものは人気が出る。『ワイルド・スピード』という映画を知っているだろうか。スピードに熱狂する人向けの作品で、オリジナルが1954年に公開されたあと、次々と続編が作られている。スタントを駆使して改造車を使った違法なストリートカーレースをするこの映画は、基本的にはテストステロンとアドレナリンを放出させるＢ級映画だ。シリーズ３作目の『ワイルド・スピードX3 TOKYO DRIFT』の興行収入こそわずか6000万ドルだったが、2001年と2003年と2009年に作られたシリーズはそれぞれが１億ドル以上の興行収入を上げている。批評家に酷評されたにもかかわらず、このシリーズは1000万人以上の観客に愛されて大成功を収めているのである。

エンターテインメント界には、『グランド・セフト・オート』というビデオゲームの大ヒットシリーズもある。チャイナタウンや架空の州であるサンアンドレアスを舞台にしたドライビングゲームは14種類が発売され、世界中で１億2000万本以上売れている。大ヒットとなったこのゲームは、2009年には家庭用ゲームトップ50にも選ばれ、ギネスブックに載った。ランキングは、ゲームの影響力やシリーズの継続性などを基に選出され、『スーパーマリオカート』（１位）、『テトリス』（２位）に次いで３位だった。

このような映画やビデオゲームは、スピードを求める人たちを引きつけてやまない。ただ、『ワイルド・スピード』や『グランド・セフト・オート』が楽しいとはまったく感じない人たちでも、自分で思っている以上にスピードのとりこになっていることもある。例えば、時は金なりと思っている人たちにとって、速さこそ善と思っているのはほぼ間違いない。

トレーダーの世界にも、スピード感を求める人はさらにたくさんいる。トレーダーの多くは、大量のコーヒーを飲みながらパソコンの前で24時間トレードする時間も忍耐もないため、短期トレードに引きつけられるのかもしれない。ただ、スピードを求める人と求めない人の違いは時間だけではない。トレーダーのなかには、マーケットが自分に有利な方向に動くのを見てアドレナリンが噴き出すのを生きがいにしている人もいれば、一度仕掛ければ損切り注文や利食いの注文を出して、あとはマーケットの動きにゆだねて、ゲームやゴルフをしたりして過ごすタイプのトレーダーもいる。もちろん、ほとんどの人は、薄暗い部屋でトレードするよりもゴルフをしたほうがよいと思っているけれども、実際には仕掛けている間はトレード画面から離れられないという人もいる。

モメンタムに乗る

短期トレード（速くてワイルドなトレード）の背景には、さっと仕掛けてさっと撤退したいという気持ちがある。モメンタムに乗るという方法も最善策のひとつと言えるだろう。短期トレードは、マーケットが活発に動いているときが最も効果がある。通常は、ヨーロッパの取引時間（東部標準時の午前２時から正午）が活発に動いており、後半の時間帯はニューヨーク市場の前半にも重なっている。また通貨市場は、経済データの発表直後が特に活発になる。

モメンタムが引き起こす値動きは、さまざまなテクニカル指標や戦略を使って探すこともできるが、それをよく観察すれば、その値動きは取引の開始か、経済データの発表のどちらかがきっかけになって起こっていることが分かる。この２つのうち、取引開始直後にFXトレーダーがどう動くかを予想するのは難しいが、経済データに対する反応はロケット科学者でなくても分かる。もし発表の内容が大変良ければ、FXトレーダーたちはその通貨を買う可能性が高いが、もし内容が悪ければ激しく売る可能性が高い。

取引時間の終わりごろには、短期のトレンドフォロー型やモメンタム戦略型のトレーダーは経済データの結果や為替市場の強気のセンチメントを見てセットアップを探す。そうすれば、イベントリスクのみをとって賢いトレードができるかもしれないからだ。短期トレーダーのなかには、反転やリリーフラリー（悪い時期のあとの安堵感で相場が上昇すること）を探す戦術を採用するトレーダーもいるが、トレンドを形成する時間帯が多いという通貨市場の性質を考えれば、反転を狙うよりもトレンドが継続する方向に仕掛けることのほうが有利だろう。

見出しを材料にして仕掛ける

ニュースに基づいて仕掛けるのはリスクが大きい。発表直後はボラティリティが異常に高くなるため、ブローカーがスプレッドを広げることもあるからである。しかし、もし主要通貨のドルが入ったペアでトレードを上手に管理できれば、値動きが速くてワイルドであっても、ニュースに基づいたトレードで利益を上げることはできるだろう。

ニュースに基づいたトレードでは、仕掛ける前に毎回次の３つのことを自問してほしい。①重要なニュースなのか、②十分意外性のあるニュースなのか、③その意外性はマーケットのセンチメントと合っているのか——という点である。

１．重要なニュースなのか

最初の問題は、何が重要で何が重要でないかを判断することである。今日、雨が降っていることは特に意味がなくても、もし３カ月間も干ばつに見舞われている地域ならば重要なニュースになる。第５章で、どこの国でもマーケットを動かす経済データのトップ３は雇用統計と小売売上高と製造業とサービス業のデータ（ISM指数、PMI指数など）だと紹介した。それに加えて、GDP（国内総生産）やインフレ指数（消費者物価指数や生産者物価指数）などもトレードに使える。一方、トレードに使えない報告には、ベージュブック（米連邦準備銀行が公表している地域の経済状況に関する報告書）などがある。一般的に、比較できる値がないもの、データが毎週発表されるようなものなどは使えないことが多い。また、日本やスイスの経済報告もマーケット全体のセンチメントに影響を受けることが多いため、あまり使えない。もしトレードに使えるデータかどうかが分からないときは、FX系のホームページを見てみるとよい。たいていのホームページには、経済データとそれが対象通貨に与える影響について書いてある。トレードにそれらを利用するときは、影響が大きい出来事を選んでほしい。

２．十分意外性のあるニュースなのか

３つのなかでは解釈を伴うこの質問が最も難しいが、実際には悩む前にマーケットが解決してくれることが多い。経験則で言えば、プラスでもマイナスでも予想よりも５％以上離れていたら、大きなサプライズとして受け止められる。ただ、２％でも通貨が大きく反応する場合もある。それではどうすればよい

のだろうか。実は、発表後のマーケットの反応を観察すればよい。マーケットがほとんど動かなければ、それは意外性がなかったということで、即座に急騰したり急落したりすれば、十分に意外性があったと考えられる。ここでは、仕掛ける前に５分間待って、マーケットが想定どおりに動いたことを確認することがカギとなる。通常、ポジティブサプライズは通貨を上昇させ、ネガティブサプライズは通貨を下落させる。

３．その意外性はマーケットのセンチメントと合っているのか

通常、私たちは経済データが大きな反応を生むものだと期待しているが、何らかの理由で急騰してもすぐに下落してしまったり、マーケットが関心を示さなかったりすることもある。この質問は、このような場合に意味がある。典型的な例としては、何か別のことがFX市場のセンチメントを動かして、データの影響が薄れてしまうケースである。それはアメリカのデータに対するリスク選好度の変化かもしれないし、ヨーロッパの問題に対する懸念かもしれない。もし経済データに意外性があり、その「ファンダメンタルズ」がマーケット全体のセンチメントに合っていれば、それはより有力なトレードになる。言い換えれば、マーケットがドルを買いたがっているときに小売売上高

が上がれば、FXトレーダーにとってドルの相場を上げるさらなる要因になるということだ。しかし、もしFRB（連邦準備制度理事会）がさらに経済状態は困難が続くと警告し、マーケットがアメリカ経済の先行きを懸念しているときに良いデータが発表されたとしても、懐疑的な見方をとる要因は多くあるので、ドルはあまり上がらないかもしれない。

マーケットに広がるセンチメントのように感覚的なものを評価するのは難しいが、このようなときは現在のトレンドを過去の一定期間と比較した移動平均線が助けになってくれる。もし良いデータが発表されたあとで、相場が５分足チャートの50期間移動平均線を上回っていれば（または上抜けば）、センチメントとファンダメンタルズがトレードを後押ししてくれる可能性は高い。しかし、良いデータでも相場が50期間移動平均線を大きく下回っていれば、マーケットのセンチメントが意外なニュースに共感していないため、仕掛けを見送る。トレードを仕掛けるときは、重要な要素ができるかぎりたくさん有利な状況にあることを確認してからにしてほしい。

これらの点をまとめると、ニュースに基づいてトレードする場合は、発表された経済データが重要なもので、通貨を動かすきっかけになるほどの意外性があり、そのデータがマーケットのセンチメントと合っている場合のみ仕掛けることにしてほしい。この指針を念頭においたうえで、ニュースを使ったトレードがいかに速くてワイルドなものかを紹介しよう。

速くてワイルドなトレードの仕組み

2010年７月15日、アメリカの生産者物価指数（PPI）が予定どおり発表された。私は仕掛ける前に、先の３つの点を自問自答してみた。

最初の質問は、このニュースが重要かどうかということで、PPIはトレードの対象になるのに十分に重要なニュースだ。２つ目の質問は、今回の数値に十分に意外性があったかということで、マーケットが予想したマイナス0.1％に対して、ニューヨーク時間の午前８時30分に判明した数字は予想よりもはるかに悪いマイナス0.5％というものだった。

発表直後にドルは円に対して下落（円が上昇）し、発表から５分間で５分足チャートの50期間移動平均線を大きく下回った。これが３つ目の質問の答えで、この時点でセンチメントはこの経済データと合っていた。

多くの人は、すぐに売りのボタンをクリックしてトレードを始めたくなるため、仕掛ける前に５分間待つのは非常にイラ立たしいことかもしれない。しかし、ここは最初のボラティリティが落ち着くのと直後の反転を避けるためにも、待つことが重要だ。今回のドル/円の場合は悪い数字の発表後に急落し、5分足の終値は大幅に下げた。これが仕掛けるべき正しいタイミングである。

図表9.1は、ドル/円のチャートにPPIの発表時期と私が空売りを87.95で仕掛けたところを示してある。今回は、十分に意外性があったため、発表後のマーケットのセンチメントもドルに対して弱気になり、ドルはそのまま下落した。そして90分間でドルは87.95円から87.20円という安値まで75ピップスも下げた。ところで、仕掛けたときにはどこにストップを置くべきかを必ず考えてほしい。すべてのトレードにストップを置く必要があるのだ。空売りの場合、ストップを置く最善の場所はローソク足の高値（この場合は88.26円）だが、もしそれが離れすぎていたら、30～35ピップス離したところに置く。逆に、もしその高値が仕掛け値と近ければ、最小限の20ピップス離したところにストップを置く。

T1－T2方式は、速くてワイルドなニューストレーディングを手仕舞うときにも役に立つ。ニュース発表後の反応は大きいときもあれば、小さいときもあり、いずれにしても含み益が出たときはそれを確保しておきたい。そこで、ポジションの半分は自分の有利な方向にリスクをとった分だけ動いたところで手仕舞う。今回の例では31ピップス動いたところで半分を手仕舞い、残りのポジションにはトレイリングストップを置いて相場

図表9.1　生産者物価指数（PPI）発表後のドル/円の反応（5分足）

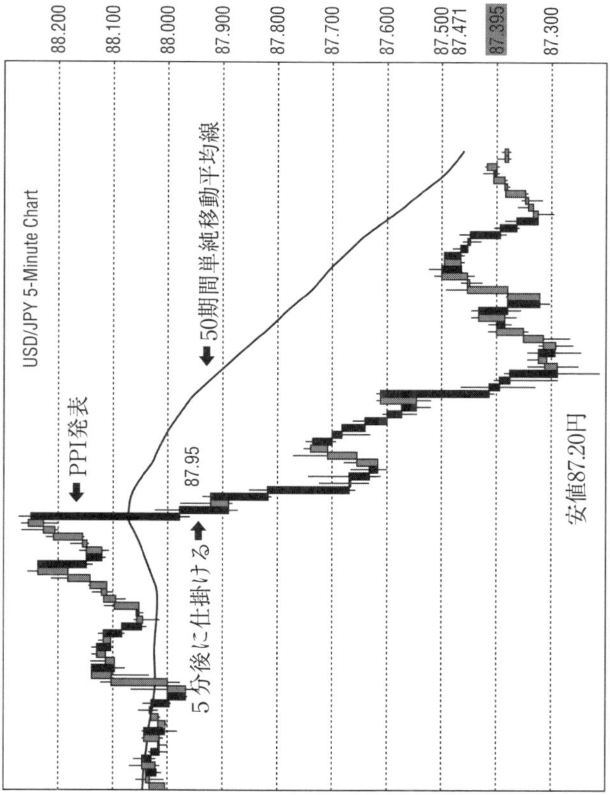

出所＝GFT Dealbook 360.

を追わせる。私は、短期トレードでのトレイリングストップは20～30ピップス離して置くことにしている。この間隔は、相場の動きが一息つける幅を維持しつつ、含み益を大幅に減らすのを食い止める程度の狭さもある。

図表9.2は、５分待つことの重要性を示す例と言える。2010年７月23日、カナダでは消費者物価指数の発表が予定されていた。アメリカと同様に、カナダのインフレ指数もトレードの対象になる。当時の予想では指数は変わらないだろうと予想されていたが、午前７時（東部標準時）、消費者物価指数が0.1％下がったことが分かった。これは加ドルが下げてドルが上がる要因になる。もし５分待つことにしていなければ、発表直後にドルを買っていたところだが、５分待ってみると、ドルの最初の５分足の終値は予想された反応とは違って上昇しなかったため、マーケットがこのデータをあまり重要だとみなしていないことが分かった。データは強気でも上昇自体は５分と続かず、最初の５分足の終値は下げて引け、トレードするなという強い警告のシグナルとなっていた。結局、ドルは次の１時間で40ピップス以上下落したため、トレードしなかったのは正しい判断だった。

ニューストレーダーのなかには、**図表9.1**のような大きな動きのきっかけを気前良く作ってくれる人たちもいるが、必ずそうなるというわけではない。そこで、T1－T2方式でうまく手

図表9.2　消費者物価指数（CPI）発表後のドル/加ドルの反応（5分足）

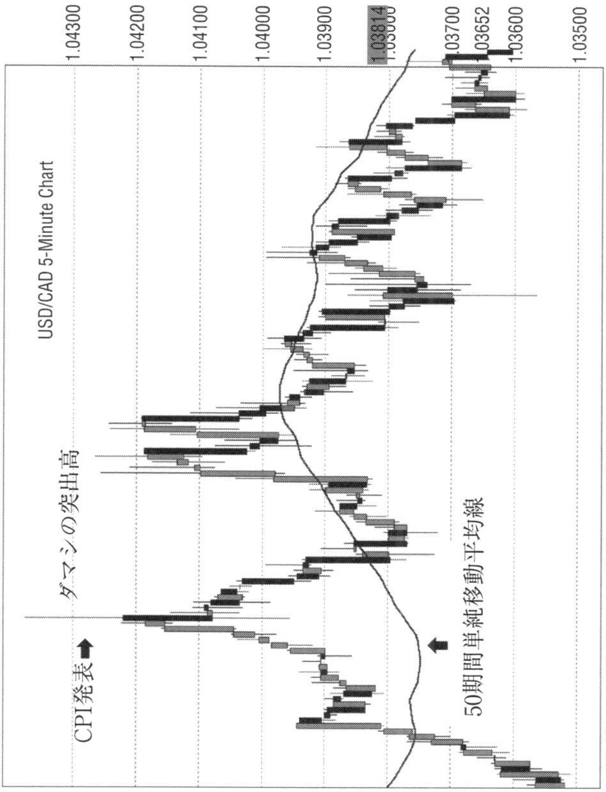

出所＝GFT Dealbook 360.

仕舞えるかどうかが、勝ちトレードとなるか、負けトレードになるかの分かれ目になる。例えば、2010年７月20日にドイツの生産者物価指数が予想の0.2％に反して0.6％と発表された。このニュースは十分に意外性があり、トレードする価値がある。そこで、本章で紹介したルールに沿ってユーロを1.2996ドルで買い、仕掛け値から20ピップス離したところにストップを置いた（このときの５分足の安値は16ピップスしか離れていなかった）。結局、ユーロの上昇は1.3028ドルにとどまったため、20ピップスの目標値には十分に達していたが、それ以上の利益を積み重ねることはできなかった。というのも、このトレードでは半分のポジションを20ピップスで利益を確定し、残りはトントンのところで手仕舞ったからだ。もしリスク・リワード・レシオを２対１にすることに固執していたら、20ピップスのストップに対して40ピップスの利益が必要なため、目標値を1.3036にしなければならなかった。速くてワイルドなトレードでは、大きな動きのきっかけになる意外性のある経済データを待ち、あとはできるだけたくさん小さい勝ちトレードを積み重ねていくことが成功への秘訣となる。ちなみに、ニューストレーディングでは１時間以内に最初の目標値に達することが多い。

ニュースを材料としたトレードはリスクが高いうえに、マーケットが急変するためスリッページが発生して注文どおりの価格で執行されないこともある。そのリスクを最小限に抑えるためには、ニュースの発表直後から５分間待って、ボラティリティが落ち着いてから仕掛けることを心掛けてほしい。

本章のまとめ

●ニュースはマーケットを動かす。

●発表されたデータの内容が重要かつ十分に意外性があれば、通貨の動きは続く。

●ノイズは無視して、マーケットのセンチメントがニュースと合っているときだけ仕掛ける。

●耐えることには価値がある。5分間待って、ほかのトレーダーが発表された数値にどう反応するかを確認したあとで仕掛ける。

●T1－T2方式を使ってトレードを管理し、ポジションを段階的に手仕舞いしていくことで利益を確保する。

第10章

Risky Business

Protecting Your Money in Uncertain Times

危険なビジネス

――見通しが不透明なときでも資金を守る

人生で何かを得たければ、たいていはリスクをとる必要がある。人生やトレーディングは、単純に見ても危険なビジネスだ。それでは、初心者とプロではリスクのとり方にどのような違いがあるのだろうか。それはすべて準備にある。もし私が訓練も経験もなしにエベレストに登るとしたら、それは自殺的な行為にほかならない。

標高8848メートルのエベレストは地球上で最も高い場所で、毎年何千人もの冒険好きを引きつけている。しかし、2008～2009年に登頂を目指した4102人のうち216人が遭難した。この人数は全体の５％に当たるが、このほとんどはセミプロの登山家であり、もし普通の人が登頂しようとすれば死亡率は90％近くに上るだろう。

エベレストの登頂は、過酷な条件という言葉ではとても言い尽くせない。まず、厳密な指針に従えない登山者は、登山ガイドの会社が引き受けてくれない。代表的な登山ガイド会社のひとつであるアルペン・アセントでは、登山希望者に１週間の訓練コースの受講を義務づけている。さらに、登山者はほかの標高の高い山に何回も登っていて、十分な体力があることを証明する必要がある（エベレスト登頂には、13キログラムの荷物を背負って何日間も歩かなければならない）。そして最後に、標高の高い所で厳しい状況にも耐える精神を兼ね備えていなければならない。

アルペン・アセントが登山を敢行するのは１年に１回で、それは天候が最も良い４月か５月に行われる。なぜこの会社にはそれほどまでにたくさんの規則があるのだろうか。それは、彼らが何回登頂に成功していても、エベレスト登山が非常に危険なことに変わりはないからである。

まさかエベレストに登ろうと計画している読者はいないだろうが、ある事柄に対してできるかぎりの準備や予防策をとって、あらゆる事態に備えようとしたことはだれにでも経験があると思う。例えば、だれでも自分の子供には大人になって苦労をしないように最高の環境を与えようとする。親のなかには、子供が生まれる前から幼稚園の入園待ちリストに登録する人もいる。ちなみに、こういう幼稚園はかなり高額な入園・保育料がかかるところが多い。幼稚園を卒園すると、子供を理科の体験学習キャンプに行かせたり、週末の勉強や宿題の手助けをする塾に入れたりする。そして大学受験が近づくと、SAT（大学進学適性試験）に備えてカプランやプリンストンの講習を受講させる。SATの点数が良ければ、一流大学に合格する可能性は高くなる。そして、良い大学に入れば、良い仕事に就くことができ、将来、安定した暮らしができる。もちろん、私立の幼稚園に行ってカプランのSAT対策塾に通った子が必ず素晴らしい仕事に就くというわけではないし、そうしなかった子が路頭に迷うというわけでもないが、親としては子供の成功のためにできるだけ最高の機会を与えてあげたいのである。

もちろん子供のことはトレーディングや投資よりもはるかに重要だが、アルペン・アセントが登山者に対して厳重な予防策を講じたり、私たちが子供たちに対して似たようなことをするのは、みんな失敗ではなく成功したいからなのである。トレーディングや投資に関しても、失敗ではなく成功するためには同じような考え方が必要になってくる。そして、そのためにはリスクが低いトレーディングの機会を探さなければならない。

勝率が高いトレードだけを選ぶ

プロのトレーダーは、「勝率が高い」トレード、つまりほとんどの要素が有利な状態にあるトレードを選ぶ。そこで、勝率が高いかどうかを知るための秘訣をいくつか紹介していこう。

ユーロ/ドルが上昇トレンドにあり、押し目で買うチャンスを見つけたとする。このとき、もし１種類のチャートか１つのセットアップしか見ていなければ、すぐに買ってしまうだろう。しかし、それは目隠しをして運転するのと何も変わらない。仕掛ける前には、最低でもマーケット全体のトレンドを見てほしい。自分がどのような環境にいるのかを知らなければ、必要のないリスクまで背負うことになる。

ファンダメンタルズ指標とテクニカル指標とマーケットのセ

ンチメントの３つは、すべてのトレードに影響を与える。もしこの３つの要素がすべて有利になるのを待てば、リスクを減らして利益を得るチャンスはより高くなる。次の質問に答えて、リスクをとる価値があるトレードかどうかを判断してほしい。

１．リトレースメントや押しの深さはどれくらいか

仮に、野菜を切っていてうっかり指を切ってしまったとしよう。傷の深さによって治る期間は変わってくる。浅い傷ならばバンドエイドを貼っておけば治るが、もし指の一部を切り落としたとすれば症状は深刻で、病院に行くべきである。トレーディングでも、押しが深ければ浅いときよりもはるかにその回復が遅くなる。つまり、上昇トレンドで大きな調整のあとに買うときの勝率は、小さい押しのあとで買うときよりも低くなることが多い。深い傷は指を失うリスクが高いのと同様に、深い調整は上昇トレンドを中断させてしまう可能性が高いのだ。

２．通貨が下落した背景にはファンダメンタルズ的に見て十分な理由があるか

もし下落のきっかけが期待外れのデータによるものならば（例えば、消費者支出が大幅に下げるなど）、短期のファンダ

メンタルズは不利な状態なので勝率は低く、トレードは考え直したほうがよいだろう。しかし、下落を説明できる明確な理由がなければ、さえぎるものはないので上昇トレンドが続く可能性は高い。

3．明日のニュースがトレードに不利になる可能性はあるか

ユーロ/ドルのトレーディングでは、次の24時間にユーロ圏やアメリカで自分のトレードに影響を及ぼしそうな経済データの発表が予定されていないかどうかを確認しておくのも重要である。例えば、ドイツの小売売上高の発表が予定されていて、マーケットが良い数字を予想していれば、それはトレードの勝率を後押ししてくれる。同様に、もしアメリカの経済データの発表が予定されていて、予想が悪ければ、それも同じ効果がある。しかし、もし予想に反してドイツのデータは悪いのではないとか、アメリカのデータが良いのではないかと思われる理由があるときは、トレードはやめておいたほうがよい。

4．マーケット全体のセンチメントはどうか、トレードを後押ししているか

マーケットのセンチメントは、マーケットのリスク選好度でもあり、非常に重要だ。例えば、ダウ平均が300ポイント急落すると、アメリカのトレーダーは神経質になり、それがアジアのトレーダーにも伝播して、翌日のアジアの株式市場は下がる可能性が高い。つまり、株価が急落したあとに押し目でユーロ/ドルを買うと、アジアのトレーダーにも株の売りが伝播したときに、押しのはずがそのまま本格的な下落に転じて損失が広がる可能性があるのだ。しかし、リスク選好度が変わらず、株価指数が上昇するか変わらないか少しだけ下げて引けたならば、障害はないと考えてよい。もしリスク選好度が上がり、トレーダーが楽観的で株価指数も上がりそうならば、ユーロ/ドルの上昇は続く可能性が高い。

5．トレードに影響を及ぼすカギとなる水準はどこか

チャートやテクニカル指標のカギとなる水準も重要だ。もしユーロ/ドルの押しが1.3000ドルなど重要な支持線のすぐ上で止まったときは、その支持線が持続すると考えられるため、ユーロ/ドルの買いトレードの勝率は高い。しかし、もしこの支

持線を下にブレイクしてこれが抵抗線に変わったら、損失が拡大する可能性が高くなるため、仕掛けるのはやめておいたほうがよい。

この５つの質問は、トレーディングと投資の両方の指針として使えるが、これらは絶対的なルールではない。５つの質問の答えが矛盾することも珍しくはなく、そのときはどの要素がより重要かを自分で判断するしかない。

短期トレーダーの場合

短期トレーダーの場合は、トレードの勝率を高めるためにあと２つ考慮すべき点がある。

ある年、私はフロリダ州で開催されたトレーダー会議で、デーブという中年のトレーダーと知り合った。彼は、FXトレーディングで利益を上げるのは難しいと言っていた。そこで彼のトレード戦略について聞いてみると、ブレイクアウトに注目しているということだった。さらに詳しく聞いていくと、彼のトレーディングの様子が分かった。

デーブには妻と２人の子供がいて、昼間は会計士としてフルタイムで働いている。典型的なアメリカ人のライフスタイルだ。彼は仕事から帰ると、家族と夕食をとり、１時間ほどテレビを見てから自分の部屋に行ってパソコンをつけ、トレーディングを始める。まず、５分足チャートにトレンドラインを書き込み、過去２～３時間のレンジを把握したあとブレイクアウトを探す。さて、どこに問題があるのだろうか。

問題は、デーブがトレーディングを始めるのがアメリカ東部の午後８時ごろだということで、これはアジア市場が始まる時間帯に当たる。残念ながら、この時間帯は通貨市場が最も静かなときで、ブレイクアウトよりもフェイクアウト（ダマシ）のほうが多く発生する時間帯でもある。ニューヨークが引けてから（東部標準時間の午後４時ごろ）ヨーロッパが寄り付くまで（同午前２時ごろ）、ほとんどの主要通貨は小さいレンジで動いている。つまり、デーブは最悪の時間帯でブレイクアウトを探していたのだった。このことからも分かるように、短期トレーディングの場合はさらに２つ考慮すべきポイントがある。

1．自分のトレード戦略に適した時間帯か

特定の戦略には、それに適した時間帯があるということを知っておく必要がある。例えば、アメリカで重要な経済指標の発表が控えているときは、通貨は横ばいで推移することが多い。つまり、この時間帯はブレイクアウトのリスクが高いため、短期の天井や底を狙うトレードには最悪の選択と言える。しかし、

ヨーロッパ市場とアメリカ市場の両方が開いている時間帯にブレイクアウト戦略やトレンドフォロー戦略のセットアップが完成すれば、その動きを継続するだけの十分な参加者がいるため、トレードの勝率は高くなる。しかし、それ以外の時間帯であれば、たとえセットアップが完成したとしてもトレードの質について懐疑的な目をもって検証すべきだろう。

２．トレード対象として最適な通貨ペアか

最適な通貨ペアを選ぶことも、トレードの勝敗を左右する。速くてワイルドなニューストレード（第９章）では主要通貨のみを勧めたが、条件によって最適な通貨ペアの選択肢も変わってくる。例えば、アメリカとカナダの経済データは同じ時間に発表されることも多いが、もしカナダの数字が悪ければ、発表後にドルを買うべきだと思うだろう。この考えは、アメリカのデータが予想よりも良ければ正しいが、悪ければドルも加ドルも下げるため、ドル高の動きは継続しない。このようなときは、アメリカのデータの影響を受けないところでカナダのニュースを材料としてトレードすればよい。例えば、豪ドル/加ドルや加ドル/円といった通貨ペアが選択肢となる。同じように、もしヨーロッパで良いデータが発表されても、何らかの理由でドルが強い場合は、ユーロ/ドルよりもユーロ/ポンドなどのほ

うが勝率は高くなる。

短期トレーダーは、トレードを仕掛けるときにこれらの点を考慮して判断を下すことが重要で、それがトレードの勝敗を大きく左右することになる。マーケットに飛び込む前に、立ち止まって考える１分間には大変な価値がある。

カギを握るのはあなた

トレードが100％成功するかどうかは分からないが、質の高いトレードのみを選ぶことで勝率を高めることはできる。もし苦労して稼いだ資金が大事ならば（そのはずだ）、このひと手間が大変重要になる。私は高勝率トレードの信奉者で、私自身も本章で紹介した質問をトレードのたびに必ず自問自答している。

トレードを仕掛けるときは、できるかぎり有利な要素をそろえ、トレードを不必要かつ未熟なリスクにさらさないことが重要になってくる。トレーディングはリスクが高いビジネスだが、ファンダメンタルズとテクニカルとマーケットのセンチメントの裏づけがあれば、毎回勝率の高いトレードができる。トレーディングで成功するためには、エッジ（強み）があり、リスクを最低限に抑え、欲張らないことがカギとなる。

本章のまとめ

●浅い押しや戻りは、高勝率トレードのサイン。

●ファンダメンタルズ的に見て理由がない押しや戻りは、その後もその前のトレンドが継続する可能性が高い。

●これから発表される経済データが後押ししてくれそうなトレードを探す。

●マーケット全体のセンチメントと合うトレードを選ぶ。

●重要な水準に阻まれないトレードを選ぶ。

●短期トレーダーは自分の戦略に適した時間帯と通貨ペアを知っておく。

第11章

The Top 10 Mistakes
...So You Don't Make Them

間違いトップ10
——だから避けてほしい

2009年に公開され、アカデミー賞候補にもなった映画『マイレージ、マイライフ』で、主演のジョージ・クルーニーは年間322日も出張するビジネスマンであるライアン・ビンガムに扮していた。効率性を追求するリストラ担当のビンガムは、空港では最短距離で手荷物検査を通過して最短の待ち時間で飛行機に搭乗する。そういう私も、フライトの回数ではかなわないが、空港には受け付けの締め切り時間ぎりぎりに着くようにしている。

同僚や友人や家族は、ぎりぎりまで空港に現れない私のやり方に怒っている。ほとんどの人は、運輸保安局の勧めに従って国内線ならばフライトの1時間半前、国際線ならば3時間前に空港に行くからだ。しかし、これは普通の旅行者のための指針であり、ライアン・ビンガムのような人向きではない。ビンガムと同様、私も必ずオンラインでチェックインを済ませ、搭乗券を印刷し、手荷物に液体やエアゾールやジェルのたぐいは絶対に入れないようにしているし、マイレージサービスの特典で手荷物検査に並ばなくて済むことも分かっている。私は、国内線ならば搭乗時間の45分以上前に空港に行くことはないし、国際線でも90分以上前には行かない。このやり方で乗り遅れたのはたった一度で、休暇でイタリアに向かうときだけだった。それで反省したのかと言えば、答えはノーだ。それ以降の10年間もまったく同じようにしているが、何百回ものフライトに乗り遅れたことはない。しかし、みんながそうすべきかと聞かれれば、それは違うと思う。私がぎりぎりに空港に着くようにしているのは、そうすることで２～３時間余計に寝たり仕事をしたりできるからで、最悪の場合は次のフライトに乗ればよい。私がこの方法をとるのは、毎回フライトの前に最悪のシナリオを考え、それを電話１本と多少の忍耐で処理できると知っているからなのである。

しかし、乗り継ぎや約束がある人は、乗り遅れるわけにはいかない。トレーディングも同じで、多くの間違いを犯して、それでもなお耐えられるというトレーダーは少ないだろう。トレーディングには、トレードを管理しなければならない部分と、自分自身を管理しなければならない部分があり、人によってそれぞれリスクの許容量が違う。これまで何千人ものFXトレーダーに出会い、そのなかには成功した人も失敗した人もいたが、彼らのほとんどが同じ間違いを犯していた。トレーダーは感情によって利益を減らしてしまうことはよくある。そこで、人がイライラしてもその影響をまったく受けないように、トレーディングのルールを体系化しようとする人がいる。つまり、コンピューターがすべて自動的に売買して、人間の介入を排除しようというのである。しかし、コンピューターではマーケットの環境の変化に合わせて調整していくことはできない。

トレーダーは昔からみんな同じ間違いを犯してきた。もし最初からこれらの間違いを避けることができれば、回り道をしないだけに成功への道のりはずっと近くなるだろう。FXトレーディングが初めての人も、すでにいくつかの間違いを犯している人も、次に紹介する「FXトレーダーが間違うトップ10」を読んでおいてほしい。これが時間とお金を大いに節約してくれるだろう。

間違い１　退屈や怒りに任せたトレード

トレーダーの高揚感というのはいつになってもなくならない。トレーディングの経験が１カ月でも１年でも10年でも、トレードを仕掛けたときにはアドレナリンが噴出する。しかし、退屈しのぎや興奮したいという理由でトレードするのは最悪だ。マーケットに動きがないのに仕掛けた人は、そのあとでいろんな時間枠のチャートを眺めてはこれで正しかったと自分を納得させようとする。しかし、無理に仕掛けてもそれはいずれ損失で終わる。プロのトレーダーは、トレードしたいという欲求に基づいて計画を建てるのではなく、計画に基づいてセットアップが整うのを待つのだ。

怒りに任せたトレードは退屈しのぎよりももっと悪い。「復讐はけっして楽しくない」という言葉を聞いたことがあるだろうか。トレーダーにとって、大きな損失を出した直後は最も危険な時期になっている。復讐したいという気持ち（損失を一気に取り返したいという欲求）は、最初の損失よりもはるかに大きな損失を招く可能性がある。それでも、多くのトレーダーは衝動的に不合理な判断を下し、それがトレード口座を破滅させることも少なくない。それよりも、損失が回復するまではリスクを減らして少しずつ回復していくほうがずっとよい。ところが、新人トレーダーはこれと正反対のこと、つまり大きな損失のあとは復讐トレードのつもりでさらに大きなリスクをとってしまうのである。

間違い２　非現実的な期待をする

これまで出会ったトレーダーのなかでも、FXエキスポに来ていたある熱心すぎるトレーダーのことは強く印象に残っている。彼はいきなり、私のトレーディングのリターンがFXトレーディングコンテストの勝者よりも高いかと聞いてきた。私は「優勝者のリターンが１カ月当たり500～3000％ならば年間で6000～３万6000％になるので、おそらくかなりのリスクをとって、見境なく仕掛け、本当のお金を掛けるときには絶対に採用しないような戦略を使っているのだと思う」と答えた。通常、この種のコンテストではデモ用のミニ口座やマイクロ口座を使って、500～2500ドル程度の資金で競う。現実の世界では、３

万6000％のリターンなど考えられず、世界一のヘッジファンドマネジャーでさえ1000％のリターンすら達成できない。非現実的な期待をすると、リスクをとりすぎることになり、それが多くの新人トレーダーの口座を破滅させている。経験豊富なFXトレーダーは、S&P500を上回れば満足し、毎年継続して２桁のリターンを上げられたら大喜びする。FXトレーダーとして成功するためには、FXにもほかの資産クラスと同じアプローチで臨み、とてつもないリターンではなく、妥当なリターンを目指すことがカギとなる。

間違い３　相関性の高いトレードを仕掛ける

新人トレーダーの多くは、さまざまな通貨が同じ方向に動くことが分かっていない。例えば、ある日、豪ドルがドルに対して上がったとすれば、ニュージーランドドルも上げる可能性が高い。ところが、彼らは豪ドル/ドルチャートとニュージーランドドル/ドルチャートで同じときにブレイクアウトを見つけたら、単純に両方をロングしてしまう。しかし、それは同じポジションを２つ持っているのと変わらない。この重複したエクスポージャーは意図的にとられる場合もあるが、新人トレーダーの多くは単に間違っているだけのほうが多い。このようなポジションは、もし一方が暴落したら、もう一方も暴落する可能性が高い。さまざまな通貨が同じ方向に動く理由は、ドルにある。ドルはほぼ毎日、主要通貨すべてに対して上げるか下げるかしている。動きの値幅は日によって違うため、リスク分散のために豪ドル/ドルとニュージーランドドル/ドルに分けるという判断はあり得るが、もし意図的ではないならばエクスポージャーは分散どころか集中しており、それがこのポジションの隠れたリスクになっている。

間違い4　ストップを置かない

トレーディング関連のイベントでは、損切りや仕切りのストップを置くことの重要性についてもよく質問が出る。そして私は、ストップを置かなくてもよいと思っているFXトレーダーが多いことにいつもショックを受ける。彼らの言い分は、ストップを置かなくてもいずれ仕掛けた価格までは戻るというものだ。彼らの言い分は、それが実現しないことが明らかになるまでは正しいことになる。通貨のトレンドが強いと、マーケットはほとんど押したり戻ったりしないで一方向に動くことがある。もちろん、いずれは仕掛けた価格まで戻るかもしれないが、それには何日も何週間も何カ月も、ときには何年もかかるかもしれない。残念ながら、マーケットは、私たちが何とかマーケットにとどまっていられる期間よりもはるかに長く不合理な動きを続けることがある。相場が仕掛けた価格に戻るまで、自分のトレーディング口座を維持できるかどうかは分からないため、すべてのトレーダーがストップ注文を置いておくべきであることは言うまでもない。結局、トレーディングの本質は、マーケットという混沌としてまったく予想がつかないものをいかにコントロールするかにある。しかし、もしストップを置かなければ、マーケットのなすがままになってしまい、自分のトレードをコントロールすることができなくなる。そうなったときは、もしすでにそのポジションを持っていないとしても、それが魅力的かどうかを考えてみるとよい。

間違い5　不必要なリスクをとる

ニューヨーカーは、横断歩道がなくてもどこでも渡るジェイウォークで知られている。80歳のおばあさんでさえ、横断歩道まで行って信号が青になるのを待ったりはしない。ただ、私が高齢者のジェイウォークを見かけるのは、週末や早朝など町中がまだ静かな時間帯に限られている。高齢者は、何十年もの人生経験から、ラッシュアワーのタイムズスクエアよりも静かな場所の人混みのない時間帯ならば、道路を横切っても大丈夫だということを知っているのだ。彼らがラッシュアワーにジェイウォークをしないのは、それが不必要にリスクをとることだと分かっているからだろう。トレーディングの場合ならば、例えば財務大臣や中央銀行が首脳会議を行っている週末にポジションを保有しておくのは不必要なリスクをとっているのと同じと考えられる。これらの会議の結論は予想がつかないことが多く、それによってアメリカの日曜日の夜にアジア市場がギャップを空けて始まる可能性もある。予定されている発表や出来事を知っておけば、ポジションを不必要なリスクにさらすのを避けることができる。

間違い6　負けトレードは忍耐強く持ち続け、勝ちトレードにはこらえ性なく早めに仕切る

経験の乏しいトレーダーは、負けトレードに対しては忍耐強いのに、勝ちトレードには忍耐がさっぱり足りない。損切りは素早く行い、利は伸ばせというアドバイスは、すべてのトレーダーに当てはまる。なかでも、強力なトレンドが多く見られるFXトレーディングにはこのことが最もよく当てはまる。多くのトレーダーは、負けトレードを大事に育てて、結局トレード資金まで失うという間違いを犯し、その犠牲者になっている。なかには、負けトレードをそのままにして、その近くでまた仕掛け、少しでも損失を取り返そうとする人もいる。しかし、その水準にいるのは、少しでも利益が出たらすぐに手仕舞おうと

待ちかまえている似たような人たちばかりなのである。残念ながら、これでは通貨トレードの最も効率的な方法とは言えない。それよりも、少しでも含み益が出たら早目に確保しておき、大きなトレンドに進展した場合に備えて残りのポジションを保有しておけばよい。

間違い７　「タヌキ寝入りトレーダー」になる

含み損を抱えているときにパソコンを消したり画面の前から離れたりして、見るのをやめればマーケットが順行すると期待したことがないだろうか。もしそうならば、友人で**『FXトレーダーの大冒険』**（パンローリング）の著者であるロブ・ブッカーが命名したタヌキ寝入りトレーディングに陥っている。ポジションを保有にしたまま目を閉じて祈り、トレードが勝手にうまくいくことを期待してはいけない。残念ながら、これがうまくいくことはまずないし、むしろ損失が膨らむことのほうが多い。トレーディングは生き残りのゲームであり、目を閉じていれば勝手に火が消えると期待するのは間違っている。もし小さい火ならば、家を燃やすほど大きくなる前に消し止めるべきだし、大きい火ならば、すぐに逃げ出して消防署に通報したほうがよい。トレーディングでは、トレードの根拠が有効でなくなったときは、損失が大きくなる前に手仕舞う必要がある。負けトレードをそのままにしてタヌキ寝入りをしてはならないのである。

間違い８　レバレッジを掛けすぎる

2008年に初めてドバイに行ったとき、カルフォルニア州ならばラスベガスブルバードに相当するシークザイードロード沿いの華やかなビルや数々の建設現場に目を奪われた。まるで、世界中のクレーンの半分がこの半径８キロメートル以内にあるような気がしたものだ。ガルフニュース（UAEの英字新聞）によれば、実際には20％近くだったようだが、それでもものすごい数に変わりはない。一時は建設作業員の数がドバイの人口に匹敵するほどになり、土地開発業者がレバレッジを掛けすぎてバブルが形成されていることは明らかだった。アメリカと同じで、バブルは膨らみすぎたあと破裂し、価格はピーク時よりも60％下落した。サブプライムローンから端を発した金融危機は、レバレッジの掛けすぎに対して厳しい教訓となった。FXブローカーは、大きなレバレッジで個人トレーダーの気を引こうとするが、１つのトレードに自己資金で５～10％以上をリスクにさらすのは破滅的行為と言える。レバレッジとは、トレードが順行しているときには素晴らしい薬となるが、逆行しているときには単なる毒薬でしかなくなる。

間違い９　戦略を最適化しすぎる

この２～３年でシステムトレードが広まり、賢いトレーダーのなかには自分でプログラムを書いてアルゴリズムや戦略を組み立てたりする人までいる。しかし、彼らの最大の間違いは、自分の戦略を最適化しすぎることにある。特定のマーケット環境で完璧にうまくいった戦略が、別のマーケットでもうまくいくとは限らない。膨大な時間を割いてシステムトレードを作った経験から言って、トレンドかレンジ相場のどちらかではうまくいっても、その両方でうまく機能するシステムはあまりない。もしバックテストの結果として1000％のリターンを見せられたとしても、それはシステムを過度に最適化して素晴らしい結果を出した可能性が高い。そのようなシステムを現実のマーケットで使っても、同様の結果を再現するのは難しいため、大いに疑ってほしい。マーケットは大きく動いていて、その牽引役は時間とともに変化していく。そこで、トレーディング環境に適した戦略を使うことが重要になる。例えば、静かで明確なレンジ相場のときにトレンドフォロー戦略やブレイクアウト戦略を使えば、勝ちトレードよりも負けトレードが増えていくことになる。

間違い10　デモ億万長者になる

最後に、デモ口座で億万長者になるのはやめよう。実際のトレーディングに代わるものではないからだ。子供とゲームをするのが大好きな同僚によれば、デモ口座でトレーディングをするのは、『ヘイロー３』でプレーして戦争に行く準備ができたと思うようなものだという。実際に近くで爆弾がさく裂したら、失禁してしまうだろう。デモ口座で500％のリターンが達成できたとしても、実際のマーケットでそれができることにはならない。現実のトレードで損失が1000ドル、5000ドルと膨らんでくると、神経質になってトレードを継続するかどうかに迷いが出てくる。FX市場には、その市場特有のメリットとしてブローカーが新しいトレーダーに提供するさまざまなサイズの口座がある。これを使えば、新人トレーダーも実際のトレーディングで徐々に慣れていくことができる。デモ口座で継続して利益が出るようになったら、なくなってもよい金額をミニ口座に預ける。実際に多くの資金をつぎ込む前に、ここで本当のお金をトレーディングするときに経験する精神的な問題を処理できるかどうか確認してほしい。

リスク許容度がどれほどであっても、空港にフライトの１時間前とか３時間前に着いたとしても、間違ったことをしたいと思う人はいないだろう。この間違いトップ10に気をつければ、それらを避けられるかもしれない。トレードは仕掛けも手仕舞いも明確な理由を持って行い、感情的になってはならない。

第12章

Greetings from Nigeria, Please Help!

Detecting and Avoiding Forex Scams

ナイジェリアからの手紙

――FX詐欺を察知し、避ける

私は、ほとんど毎週のように次の文で始まるEメールを受け取る。

拝啓

私はナイジェリア国営石油会社の委託を受け、ある問題解決にご協力いただくために連絡させていただきました。ナイジェリア国営石油会社は、サハラ以南の地域において石油探査契約を多数締結しており、これによる4000万ドルの現金を保有しております。

ナイジェリア国営石油会社とナイジェリア中央銀行がこの資金をナイジェリア国外に移動するために、ナイジェリア以外の国籍をお持ちの貴殿の助けを必要としています。この資金をアメリカ国内の貴殿名義の口座に送金いたしますので、それをナイジェリア国営石油会社まで送金してください。ナイジェリア国営石油会社は、謝礼として資金の10％に当たる400万ドルを貴殿にお支払いすることで合意しています。

ただ、この資金の合法的な受取人となるためには、同国法の下、ナイジェリア中央銀行が管轄するナイジェリアの銀行に最低５万ドルの預金残高が必要となります。

聞いたことがあるだろうか。これは、悪名高いナイジェリアのＥメール詐欺で、私のように「ナイジェリアから依頼……」という言葉を目にした瞬間に削除キーを押す人も多いだろう。５万ドルを預金すれば4000万ドルが送金され、そのうちの3600万ドルを返せばよいという話はどう考えてもうますぎる。ところが、信じられないことに何千人ものアメリカ人がこの種の詐欺の犠牲になっている。インターネットで軽く検索するだけで、何らかの理由で詐欺に遭ったアメリカ人の経験談が何百件も出てくる。私たちがこれらのＥメールをまともに取り合わないのは、うますぎる話は信用できないことを知っているからだ。

詐欺師はどこにでもいて、金融市場にももちろんいる。投資やトレーディングは、勤勉に規律を持って献身的に取り組まなければならない大変な作業だ。なかには比較的早期に成功を収める人もいるが、たいていの人は最初は苦しむことが多いため、儲ける近道があれば、それに引かれる気持ちも分からなくはない。トレーダーには、「すぐにお金持ちになれる」といったたぐいの誘いが大量に送られてくる。例えば、毎月20ドルを出せば利益を約束してくれるソフトウエアなど、それがいくら魅力的に見えても約束どおりになることはまずない。また、見かけはさまざまな種類の詐欺があるが、内容はどれも変わらない。もし利益を保証すると言われたら、それは99.9％詐欺だろう。利益を保証するシステムなど存在しないし、もし保証するのならば、それを売っている人は毎月20ドルのシステムを売る代わりに、自分の数百万ドル、あるいは数十億ドルという資金の管理に忙しいにちがいない。この種の詐欺師は株式市場にも先物市場にもいるため、FX市場にいても何の不思議もない。詐欺を避けるためには賢くあることと、常識で考えることがカギとなる。

間違いを避けられれば大いに助かるが、詐欺を避けることはさらに重要だ。詐欺に遭うと、ほとんど全容が分からないのにまったくコントロール不能になり、理由すら分からないまま資金を取られている場合もある。金融市場の詐欺は、Eメールやネット上の広告や雑誌、新聞、ラジオなどで誘いをかけてくる。ただ、新しい種類の詐欺の手法は毎日のように出てきてもほとんどが使い古された手口で、数種類のうちのどれかに分類できる。このなかには、トレーディングシグナルから、新システム、資産の一括運用口座、ブローカーのサービスまでさまざまなものがある。しかし、どんな詐欺であれ、言っていることは「素早く簡単に儲かります！」の一言に尽きる。

シグナルを売り込む詐欺

トレーディングシグナルを売ろうとする者は、特定の仕掛け値や仕切り値を教えてくれる「専門家」と称する者で、この詐欺に引っかかってしまうのはトレードを学び始めたばかりでだれかに助けてほしいと思っている人や、新しいアイデアを探しているトレーダーなどが多い。シグナルサービスは、推奨シグナルを登録者にＥメールやテキストメッセージで送り、トレードする通貨は買いなのか売りなのか、手仕舞いの方法、ストップを置く位置などを細かく指示してくる。このように手取り足取り指示された情報をお客は全面的に信じて従ったり、自分の分析と比較したりする。どんな仕事にも言えることだが、世の中には誠実な業者も不誠実な業者もいる。シグナルサービスにも、まっとうで質の高いトレードができるように気を使っている業者もいるが、まったく良心の呵責を感じていない業者もいる。

シグナルサービスについて誠実な業者かどうかを判断するのは必ずしも簡単ではないが、気をつけるべきサインはある。そのひとつには、FXで100％勝てる保証付きとか、１週間で1000ドル稼げるなどという宣伝文句があることである（どちらもネットで「FXシグナル」と検索すればすぐに見つかる）。また、オフショアの業者にも気をつけたほうがよい。彼らは、国が消費者を保護するために定めた厳しい規則や税金、訴訟などを避けるためにオフショアに会社を設立している場合が多い。反対に、結果について監査を受けて、実際の口座でそのシグナルのパフォーマンスを検証しているところは、誠実な業者の可能性が高い。

トレーディングシステムの詐欺

シグナルの詐欺は以前からあるが、最近はFXのトレーディングシステムの詐欺が増えている。ロボット、エキスパートアドバイザー、アルゴなどと呼ばれているのも同じ種類で、基本的には設定した変数に基づいて自動的にトレードの注文を出すコンピュータープログラムである。自動システムの有利さは、恐怖や強欲といったトレーダーの上達を妨げる人間の感情を排除できることにある。また、トレードを24時間監視しなくてもコンピューターが代わりに見ていてくれるというのも魅力だ。しかし、トレーディングシステムの最大の問題は、内容が不透明なことにある。自分で開発したシステムならば隅から隅までどうなっているのかが分かっているが、他人が作ったシステムを買えば、たいていは仕組みがまったく分からない。トレーディングシステムの多くはトレンドフォロー型かレンジトレーディング型で、両方ができるものはほとんどない。どちらの環境でも機能するシステムは、もしあればトレーディングの聖杯とも言うべきもので、それを売るなどということはあり得ない。

例えば、キャリートレードで高金利の通貨を買うトレーディングシステムは、2001～2007年には極めて好成績を上げただろう。もしこのシステムの業者がこの期間の結果のみを示せば、素晴らしく魅力的なリターンになっているはずである。しかし、キャリートレードは2008年ごろからうまくいかなくなり、大きな損失を出すようになった。FXのロボットの業者は、理想のシナリオ下で出た結果を提示する傾向があるが、長い期間においてそのような状況を持続できることはほとんどない。ひどい業者になると、完璧なシナリオの下で過度に最適化した結果を示していることもある。

損失を百パーセント出さないなどと約束する自動トレーディングシステム（トレーディングロボット、エキスパートアドバイザーズなども同様）は明らかにインチキだが、これらのシステムの価格もまっとうな業者かどうかを判断するヒントになる。もしトレーディングシステムが本当に素晴らしいものならば、賢い開発者が無料とか一括100ドルなどという安い価格で提供することなどあり得ないだろう。また、デモ口座の結果だけで実際の口座の結果を示していなかったり、１年未満の運用結果しか示していなかったり、連絡先を明記していなかったりする業者には注意したほうがよい。ロボットは、デザインや名前を変えて同じものが何度も出回っている。そのほかに、過去の履歴を変えて指標を売り出す詐欺もある。テクニカル指標の多くは、ローソク足やバーチャートの終値が決まるとサインが出るが、このような業者は新しいデータが入ってくると過去のデータと置き換えて結果を偽装して、実際よりも魅力的な結果を作り出したりしている。

資産の一括運用口座の詐欺

マネージドアカウントやマネージドファンドなどと呼ばれる資産の一括運用口座サービスは、通貨投資をしたいけれど活発にトレードするほどの時間も知識もない人たちに人気がある。彼らは、自分の代わりに資金を運用してくれる専門家のサービスを探すのだが、１カ月当たりのリターンが300％などという投資ファンドは明らかに怪しい。資産の一括運用口座を比較するときは、現実的なリターンを提示しているところを探すことが重要で、そのような業者はある程度の規律とリスクコントロールを守っていることが多い。また、レバレッジを掛けすぎておらず、ドローダウンが許容範囲にあるかどうかも確認してほしい。さらに、マネーマネジャーが商品取引顧問業者（CTA）や商品ファンド運営者（CPO）などに登録しているか、外国ならばそれと同等の資格を持っているプロが運用するファンドならば、信頼できる業者が多い。厳しい規制を満たしている業者は、当局から販売活動や結果などが事実と違わないかなどの検査を定期的に受けている場合が多い。

シグナルサービスやトレーディングシステムと同様に、何かと問題の多い国に設立しているファンドや法外なリターンを約束するマネジャーも避けたほうがよい。また、資金はマネーマネジャーに直接預けるのではなく、厳しい規制を満たしているブローカーの口座で保有するほうが安全性は高い。

そのほかの詐欺――もぐりの業者と参考情報

信じられないかもしれないが、FXブローカーも詐欺を働くことがある。全米先物協会（NFA）はアメリカ国内の個人向けFX業者を監督しており、違法行為があったときは大手から中小を含むブローカーに対して出頭を命じる権限を持っている。例えば、誤解を招く書類やディーリングの仕方などが指導対象になっている。ブローカーを選ぶときには、厳しい規制がある国（アメリカ、イギリス、日本、オーストラリアなど）の業者を選んでほしい。また、より多くの国で規制を受けている業者ほどよい。もし今使っているブローカーの本拠地がカリブ海諸国などであれば疑わしい場合もあり、変えたほうがよいかもしれない。いずれにしても、オフショアブローカーへの送金は、国内送金にはない法的な手続きが必要となる。

もしアメリカの規制をしっかりと満たしているブローカーならば、NFAのホームページ（http://www.nfa.futures.org/）で違法行為などを過去にしていないかを確認できる。さらに、米国商品先物取引委員会（CFTC）のホームページ（http://www.cftc.gov/）で資本金なども調べられる。個人向けのFXブローカーがアメリカで営業するためには、最低2000万ドルの正味資本に加えて取引高に応じた資本を維持しなければならない。アメリカ当局は、もともとは資本力の弱いブローカーを排除するためにこの規制を2009年に導入した（取り組みを始めたのは2007年）。ブローカーの資本が多ければ、損失を抱えたポジションを保有している間にブローカーが倒産して口座が凍結されたりする心配がなくなる。もちろんこのリスクが完全になくなることはないが、資本が十分にあるブローカーを選ぶことで、これらのことを最低限に抑えることはできる。2010年５月の時点で、アメリカの個人向けFXブローカー上位４社は、正味資本を7500万ドル以上に増資した。自分のブローカーの資本と比較してみてほしい。

また、公開の掲示板や関連サイトなどでほかのお客が候補のブローカーについて不満を書き込んでいないかもチェックするとよい。執行やスリッページやリクオート（再提示）やプラットフォームの安定性などに関する問題は、どのFXブローカーでも発生する可能性があるが、それが連続して起こっている業者は避けたい。世界中には何千社というFXブローカーがあるが、厳しい規制を満たしている業者はほんの一握りしかいない。あなたがトレーディングをする際にはこのようなブローカーを選んでほしい。

FX詐欺を避けるための10のヒント

1. うまうすぎる話には乗らない。
2. 大きな利益を予測して見せたり保証したりする会社は避ける。
3. リスクの話をほとんどしない会社は避ける。
4. 内容が理解できなければ証拠金取引はしない。
5. 「銀行間取引市場」でトレードしていると言う会社は信用しない。
6. インターネットやメールで送金の話をする業者には注意をする。
7. 通貨詐欺は、外国語新聞やテレビの通販番組などでマイノリティを狙うことが多い。
8. 候補の業者があれば、必ずトレードのパフォーマンスの結果を入手する。
9. 素性が分からない人とは取引をしない。
10. しつこい勧誘は警告サインなので注意する。

出所＝CFTC（http://www.cftc.gov/ConsumerProtection/FraudAwarenessPrevention/ForeignCurrencyTrading/index.htm）

自分以外は信用しない

詐欺を避けるためには、自分以外は信用しないようにすればよい。FXトレーディングで本当に成功したいならば、急いではならない。マーケットは３カ月後にも必ずある。まずは時間をかけてマーケットの仕組みを学び、チャートの読み方とテクニカル指標の使い方を基本から覚え、通貨を動かすファンダメンタルズ的なきっかけを理解し、トレードの管理方法を身につけよう。次に、当局の厳しい規制を満たしているFXブローカーのなかから候補を選んで、そこからより精査し、いくつかの業者でデモ口座を開設し、ソフトウエアをダウンロードしてから電話を掛けてトレーディング画面の説明を受ける。そして、デモ口座でトレーディングの練習をする。これは「習うより慣れろ」である。デモ口座で利益が出せるようになり、慣れてきたと感じたら、ミニ口座かマイクロ口座を開設して少額の資金を預け、さらに練習を積む。本格的なトレーディングは、ここで利益が継続して出せるようになってからにしてほしい。はやる気持ちは分かるが、マーケットの仕組みを本当に理解するためには練習するしかない。詐欺で資金を無駄にする代わりに、自分の勉強のために投資してほしい。

相手がFX詐欺であろうがまっとうな業者であろうが、常識で判断することと、タダの物はないし、富は一晩では作れないということを覚えておこう。うますぎる話は、この世の中にはないと思ったほうがよい。

本章のまとめ

- 金融リスクについてほとんど語らずに、大きな利益を予測して見せたり保証したりする会社は避ける。
- 宅配便やインターネットやメールなどですぐに送金させようとする強引な話には注意する。
- オフショアのセールスマンや会社からの勧誘電話はまず疑ってかかる。
- 質問があれば、CFTCに問い合わせる。

第13章

Getting Down to Business
The Importance of a Good Trading Plan

さあトレード開始だ
――良いトレード計画の重要性

トレード戦略を確立し、FXトレーダーが犯す最大の間違いを避けるためのヒントが分かり、詐欺に遭わないための知識も身につけたら、いよいよトレーディングを始めよう。ただ、売りや買いのボタンを押す前に、計画を立てる必要がある。

1980年代にアメリカで人気を博した「プレス・ユア・ラック」というゲーム番組がある。ルールは簡単で、クイズに答えるとスピンを回すことができ、18の枠がある回転ボードに書かれた現金や商品が当たるという内容だ。ただし、なかにはいくつか不運の枠（ワミー）があり、そこで止まると画面にはタスマニアデビルに似たアニメキャラクターが現れて、出場者の獲得賞金を奪って行ってしまう。そこで、参加者はスピンが回転する間、「ノー・ワミー、ノー・ワミー」と叫ぶ。結局、多くの出場者はワミーに賞金を取られるか、２万ドル以下の賞金を手にするかのどちらかになる。ところが、1984年にマイケル・ラーソンという男性が11万0237ドルという大金を獲得して、この番組を制作するCBSを含め、多くの視聴者を驚かせた。この金額は、当時としてはゲーム番組で最高の賞金額だった。

ラーソンは、幸運のお守りに頼って大金を獲得したのではない。彼は番組に出場する前に、綿密な計画を立ててしっかりと練習をしていたのだ。彼は６カ月間かけて光の回転ボードの動きを研究していた。毎回番組を録画して何度も見返し、１コマずつ進めながらパターンを研究した結果、賞金の枠を連続して当て、ワミーの枠には止めない方法を見いだしたのだった。これをズルイと言う人もいたが、ラーソンはルール違反をしていたわけではないため、番組のプロデューサーも黙って賞金を差し出すしかなかった。

ラーソンとほかの出場者の明暗を分けたのは、ラーソンが何カ月もかけて微調整した計画を整え、それを何度も練習してから臨んだことだった。このような準備と規律は、すべてのトレーダーにもメリットをもたらす。ラーソンは、番組に出場するチャンスは一度しかないことを知っていたため、できるかぎりの準備を整えておく必要があった。しかし、トレーダーの場合は、ゲーム番組の出場者と違って毎日のようにチャンスは巡ってくる。

トレーディングは趣味ではない

人生においてプロと新人の違いは、プロは必ず準備をするということだ。プロは必要以上に準備をし、不測の事態に備えている。トレード計画は、ほかの仕事で言えば事業計画に当たる。賢いトレーダーは、トレードをしていないときのほうがトレード中よりも理性的にセットアップを評価できることを知っている。トレードを仕掛けたあとで感情的になってしまうと、せっかくの利益を失うことになりかねない。

トレード計画があれば、事前に考えたことを苦労せずに維持することができ、たった10ピップス逆行しただけで決意が揺らぐことはない。どのような仕事でも、うまくいかないことはあるが、自分のビジネスモデルを信じていれば（この場合は自分のトレード計画）、多少不利な状況が生まれたとしても弱気になったりはしない。もし本気でFXトレーディングで儲けたいと思うならば、トレーディングを娯楽や趣味ではなく、仕事として取り組むことが重要である。

1日を気持ちよく始める

1日の初めにニュースとチャートを確認すれば、トレード計画を立てるうえで手堅いスタートが切れるだろう。私はこのやり方をすべてのトレーダーと投資家に勧めている。

毎朝、最初にすべきことは、流れてくるニュースを見ることである。私のように効率性にこだわるタイプならば、支度をしながらCNBCかブルームバーグで金融市場のトップニュースを聞き、夜のうちに異変が起きていないかを確認する。もし通勤しているのならば、途中でウォール・ストリート・ジャーナルかフィナンシャル・タイムズを買ってマーケットの話題について幅広く深い知識を得るようにする。会社に着いてパソコンをつけたら、まずは夜のうちに発表された経済データと通貨に関するニュースの見出しをざっと見る。次に、アジア株とヨーロッパ株の動きと、アメリカの株価指数先物の状況を見る。チャートを見る前にこれらすべてを行うのは、通貨の価格の動きに惑わされないで金融市場のデータとニュースを判断したいからである。

ニュースを見たら、マーケットの価格を調べる。私は、マーケットの動きが一目で分かるように相場画面を設定している。まず画面の一番上にはアメリカの３つの株価指数を表示させ、その次には最も活発にトレードされている21の通貨ペアのレートをリアルタイムで表示させている。通貨は、主要通貨（対ドル)、ユーロ/ポンド、ユーロ/スイスフラン、そしてクロス円（クロスはドルが入らない通貨ペア）の順に並べ、あまり活発にトレードされていないクロスはあとのほうになっている。この画面ならば、もしすべてのクロス円が上昇（下落）していたり、ドルがほかの主要通貨に対して上昇（下落）していたりすれば一目で分かる。最新レートに加えて、高値、安値、ピップス、１日に変化した率（パーセント）なども合わせて表示している。変化した率は、パフォーマンスが最も良かった通貨や最も悪かった通貨を教えてくれる。

各レートは、リアルタイムのチャートにつながっている。レートをチェックしたあとは、チャートをざっと見て、オーバーナイトの動きで重要な水準をブレイクした通貨がないか調べる。

私はこの相場の画面を１日中開いておき、ときどきチャートに切り替えている。

位置について、ヨーイ、計画スタート

トレードの事前準備がすべて終わったら、いよいよトレード計画を立てる。すべてのトレーダーは短期と長期、それぞれのトレード計画を持っておかなければならない。私はイベントリスクを材料にトレードしているため、短期のトレード計画は、例えばダブルボリンジャーバンドを使った長期のポジショントレード計画とは少し違う内容になっている。

私は、日中の短期トレードにはニュース発表に合わせたモメンタムを利用する（第９章参照）。時間を最も有効に使うため、私は夜の間に翌日発表になる出来事のうちでトレードを計画しているもののリストを作成しておく。私がトレードするのはニューヨーク市場の取引時間帯なので、朝８時半か10時（東部標準時間）に発表されるアメリカとカナダの経済報告を材料にトレードすることが多い。時には、午前７時に発表されるカナダの雇用統計や、夜遅くに発表されるオーストラリアやニュージーランドの経済指標などでトレードすることもある。これらのトレードを実際に仕掛けるかどうかは別として、トレード計画は前日にすべて作成し終えて、トレード予定の通貨のリストを

作っておく。また、データが意外な結果になると考えるときは、発表の20分前にポジションを建てておいて、発表後に増し玉していくこともある。

私が1日の初めに立てるトレード計画のサンプルを紹介しよう（これが変化していく様子も見てほしい）。

経済データの発表を利用したトレード

アメリカの貿易収支　午前8:30
　自信　高
　弱気　ドル（ISM景況指数が下がるため）

カナダの貿易収支　午前8:30
　自信　中
　弱気　加ドル（IVEY購買部協会指数が下がるため）

オーストラリアの雇用統計　午後9:30
　自信　高
　強気　豪ドル（PMI指数の雇用部分が上がるため）

このほかにも、あといくつかの短期の戦略を使っているが、それらはもう少し複雑なので、詳しくは私が中級トレーダー向けに書いた『デイ・トレーディング・アンド・スイング・トレーディング・ザ・カレンシー・マーケット（Day Trading and Swing Trading the Currency Market)』を参照してほしい。このなかに、私のお気に入りのひとつであるモモというモメンタム戦略がある。次は、モモのセットアップができそうな通貨ペアと注目すべき水準を書き出しておく。

進行中のモモのセットアップ

ユーロ/ドル	1.3245ドルを上にブレイク
ポンド/ドル	1.5825ドルを上にブレイク
ドル/円	88.20円を下にブレイク

私は早起きして、この準備作業が午前８時（東部標準時間）までに終わるようにしている。

上の計画を立てた日は、もし午前８時10分にドル/円が５分足チャートの50期間単純移動平均線を下回っていたら売って、アメリカの貿易収支が弱含んだときだけ増し玉しようと計画していた。しかし、もし強含めば、ドル/円の売りはすぐに手仕舞い、発表の５分後に価格が50期間単純移動平均線を上回っていれば新たにドル/円を買うつもりだ（第９章参照）。それと同時に、発表内容に合わせてドル/加ドルの売りか買いも予定している。そしてこれには全体のポジションに対してストップを置くとともに、ポジションの半分に対しては最初の目標値（T1）に指値注文を置くのを忘れない。あとは、ストップに達するか最初の目標値に達するまでこのトレードはほっておく。

その間に、私はユーロ/ドルとポンド/ドルもチェックしておき、モモトレードができるものを探す。しかし、もしドル/円のニューストレードを仕掛けていれば、混乱を招かないようにほかの戦略ではドル/円を仕掛けない。通常、ニューストレードは、仕掛けてから２～３時間で手仕舞うことになる。モモトレードはテクニカル指標に基づいたトレードなので、１日中チャートを観察して、先に書き出した水準を変える必要がないかや、ほかの通貨ペアの水準もリストに追加すべきではないかなどを検討する。そして、午後１時か２時になると、短期トレードはほぼ終わる。

４時半（東部標準タイム）になると、私はダブルボリンジャーバンド（第８章参照）を使ってトレンドに乗るチャンスや、新しいトレンドを探す。まず、３つのタイプのセットアップと可能なチャンスを次のように書き出しておく。

ダブルボリンジャーバンドを使った押し・戻りのチャンス

ユーロ/ドル　　上昇トレンド
ポンド/ドル　　上昇トレンド
ドル/円　　　　下降トレンド

ダブルボリンジャーバンドを使った新しいトレンドのチャンス

豪ドル/ドル　　上昇トレンド

ダブルボリンジャーバンドを使った反転チャンス

なし

次に、第10章で紹介したテクニックを応用して、最も勝率が高いトレードを探す。これは、ファンダメンタルズとテクニカルとマーケットのセンチメントの３つが後押ししてくれるトレードということである。具体的に言えば、ドル/円は上昇トレンドにあり、ボリンジャーバンドの１標準偏差まで押しているため、アメリカのこの日の株式市場が少し下げるか、変わらないか、上げた場合（そうすれば、センチメントがこのトレードの邪魔をすることはない）と、翌日に経済データの発表があってその結果が私のトレードにプラスか中立だと予測できる場合のみ、ドル/円を買うことにする。もし株価が大きく下げたり、翌日のアメリカの経済データがドルにとってマイナス材料になると確信していたりする場合は、このトレードは仕掛けない可能性が高い。

ボリンジャーバンドを使ったトレードは、通常オーバーナイトするため、ポジション全体に対してストップを置くとともに、ポジションの半分に対しては最初の目標値（T1）に指値注文を置き、残りのポジションに対しては２つ目の目標値（T2）に指値注文を置く。T2はT1からかなり離れているが、私が寝ている間に大きな動きがあれば不可能な値ではない。トレードするときには、手仕舞うことを早めに考えておくのが賢いということを忘れないでほしい。手仕舞い方は、良い仕掛けポイントを探すのと同じくらい重要なのである。

これが終わったら、私は次の日に発表が予定されている経済データを書き出して、翌日のトレードに備える。

しかし、この日はもうひとつ、オーストラリアの雇用統計を聞いてから、短期トレードを仕掛ける予定が残っていた。トレード可能なオーストラリアとニュージーランドの経済データの発表は１週間に１～２回しかないため、通常はジムに行ったり、ゆっくり寝たりして、翌日のトレードに備えている。

トレード計画はさまざまな形があるうえ、時間とともに変化していくが、一貫性のある手法を確立しておくと役に立つ。また、すべてのトレーダーは軍隊のような規律とともに、いつ仕掛けて、いつやめるかを見極める洞察力を身につけるように努力してほしい。

自分の損失の限度を知る

トレード計画に加えて、非常事態に備えた計画も必要となる。優れた経営者は、みんな自分の損失の限度、つまり業績が悪化したときにも耐えることができ、また耐えるつもりがある最大の損失額を把握している。トレーダーにとって、これはいつトレードをやめるかを知るということである。ときには運悪く負けが続くこともあり、ある時点で画面を消してパソコンから離れ、２～３日休んでからトレーディングを再開したほうがよいときもある。負けトレードが続くと、意味のないトレーディングにつながり、それは必ずさらに大きな損失となる。ジョン・ポールソンはかつて彼の投資ルールのひとつとして、「損失だけに気をつけろ、利益はほっておいてよい」という言葉を残している。

プロのトレーダーになるためには、一貫性のある手法とトレード計画を持つことが何よりも重要だ。これは時間の節約になり、トレーダーの習慣も身につくだけでなく、感情がトレードに及ぼす影響を減らしてくれる。自分のトレードに疑問を持ったとき――そういうときは必ずあるが――、トレード計画を事前に立てていれば、そのトレードを仕掛けたもともとの理由を思い出させてくれる。もしその理由が変わってしまっていたならば、手仕舞ったほうがよいのかもしれないが、変わっていなければ、このトレードは安心して続ければよい。私の場合は、会社に着いた時点でトレードできるものが何か、ちゃんと分かっている。こうして時間を節約しておけば、価格の動きを詳しく見ないと判断できないようなセットアップを探すことに集中できる。

本章のまとめ

●プロのトレーダーになるには、トレーディングを趣味としてではなく、仕事として取り組む。

●運に頼らない。準備こそが良いトレーディングのカギとなる。

●感情が利益を減らすこともある。トレード計画を書き出すことで、自分の仕掛けているトレードが利益を増やしてくれるチャンスを潰さないようにする。

●常に自分の損失の限度を知っておくこと。ジョン・ポールソンの言葉を借りれば、「損失だけに気をつけろ、利益はほっておいてよい」。

●手仕舞いについては仕掛けるときと同じくらい重要なものである。

第14章

Crash, Burn, and Learn

Becoming a Better Trader

失敗、落胆、そして学習
――より良いトレーダーになるために

バスケットボールと言えば、だれでも史上最高のプレーヤーのひとりであるマイケル・ジョーダンを思い浮かべるだろう。1999年、彼はESPN（スポーツネットワーク）が選んだ20世紀の北米で最も偉大なスポーツ選手のひとりに選ばれた。スポーツに興味がある人ならば、だれもがバスケットボールにおいてジョーダンは並はずれた成功者だと思っている。

しかし、次に紹介するジョーダンの言葉は非常に印象深く、すべてのスポーツ選手の言葉のなかでも最高傑作のひとつだと思う。

私はプロの選手として9000本以上のシュートを外し、約300試合も負け、信頼されて任されたウイニングショットを26本外した。私はバスケットボール人生のなかで何度も何度も失敗をしてきた。そして、それこそが私を成功に導いてくれた。

優れたトレーダーは、安定的に利益を出せるようになるまでには失敗し、落胆し、トレード口座を破滅させた経験が何度もあり、それでもなお負けが続くときがある。しかし、マイケル・ジョーダンが言うように、失敗は成功に欠かせない一部分でもある。考え抜いたトレード計画があっても、データとチャートを分析し尽くしても、マーケットは私たちの足元をすくい、蹴散らすときが必ずある。そこで大事なのは、自分の間違いから学ぶことなのである。分析心理学の父と呼ばれるカール・ユングも、「知識は真実のなかだけでなく、間違いのなかにもある」と語っている。

それではどうすれば間違いから学べるのだろうか。前章ではトレード計画の作り方を学んだが、そのほかにもすべきこととして、トレード記録がある。まずは簡単なエクセルの表にトレードの記録として、トレードした通貨ペア、使った戦略（もしあれば）、仕掛けた時間、仕掛けた価格、ストップ、損益、特記事項（例えば、「ひどいトレードだった。FRB［連邦準備制度理事会］の会議のあるときは避けるべきだった」「もっと長く保有しておくべきだった」など）を書き込んでいってほしい。特記事項は、トレードを見返して向上できる余地を探すときにとても役に立つ。

アルバート・アインシュタインは、「いかなる問題も、それが起こったときと同じ発想では解決できない」という言葉を残している。勝ちが続いていても、負けが続いていても、マーケットから離れて新たな視点でトレードを見直せる日曜の朝に、エクセルのシートに記録したトレード内容とコメントを見て、何か気づくべきことがないかと考えてみる。このとき、無理やりパターンを見つけだそうとするわけではないが、チャートから丸１日離れたあとで見ると、はっきりと分かることがあるときもある。

トレード記録をエクセルで記録しておくと非常に便利で、通貨ペアやトレードした時間など、あらゆる項目で並び変えて成功や失敗のパターンを探すことができる。もし仮に、買いトレードの80％が利益目標に達しているのに、売りトレードの70％が損切りのストップに引っかかっていたとしても、これはすぐに売りをやめて買いだけをしろという意味ではない。ここはさらに詳しく調べて、なぜこのようなことが起こったのかを理解するように努めなければならない。もしかしたら、すべての通貨が強い上昇トレンドにあったため、マーケット全体のトレンドを見落としていたのかもしれないが、まったく理論的な説明がつかない損失もあるかもしれない。いずれにせよ、どんな発見があるか分からない以上、試してみる価値はある。

ほかのトレーダーと同様、私も失敗し、落胆し、そして学習してきた。次に私が得た３つの教訓と、そのあと変更した点を紹介していこう。

教訓１．スプレッドが小さい通貨のみでトレードする

第８章でダブルボリンジャーバンドのさまざまな使い方を学

んだが、そのなかに新しいトレンドを探す方法があった。この戦略は通常、ニューヨーク市場が引けるときに仕掛けて、ポジションを１～12時間保有する。この戦略では強くても弱くても順行する動きを探しているため、私はたいてい60ピップスを超えるリスクはとらない。このセットアップを使い始めたころは、この戦略だけに注視していたため、さまざまな通貨でセットアップになるのを待ち、できるとすべてのポジションに同じストップと最初の目標値（T1）を設定していた。

ところが、この戦略を使い始めてすぐに、いくつかのトレードがほかの戦略で仕掛けたトレードよりも頻繁にストップに引っかかることに気がついた。ただ、最初にこのパターンを見つけたときは、戦略を変更する前にもっとサンプル数が欲しかったので、同じやり方を続けていた。トレード計画を変えるには、１つか２つの負けトレードでは十分ではない。さまざまな通貨ペアで50件程度の負けトレードが集まったところで、エクセルに記録したトレードを並び変えてみると、ストップに引っかかったのが豪ドル/ニュージーランドドルでは５件中５件、ユーロ/加ドルでは４件中３件あることが分かった。さらに調べていくと、これらの通貨ペアのスプレッドが敗因だということも分かってきた。スプレッド、つまり豪ドルとニュージーランドドルやユーロと加ドルの売り気配値と買い気配値の差は、アジアの早めの時間帯には最高で12ピップスまで広がることがあった。そして、その時間帯の直前に仕掛けていた私のトレードのストップは、実際には60ピップスではなく48ピップスになっていたのである。どちらの通貨ペアもトレーディングレンジが比較的広いことを考えると、48ピップスはあまり大きい値ではない。結局、私のトレードはただのマーケットノイズでもストップに達してしまっていたのだった。ちなみに、アジアの早い時間帯は、アメリカのトレーダーが帰宅して、アジアのトレーダーはまだ出勤していないため、スプレッドが広がる傾向がある。

振り返ってみれば、これは未熟なミスだったが、プロだってもともとは素人で、苦労してプロになる方法を学んできている。それ以降、私はスプレッドが６ピップスより大きい通貨ペアには、新しいトレンドを探すのにダブルボリンジャーバンドを使わないことにした。もし私がもっとストップを離して置ける戦略を確立すれば（例えば100ピップス）、スプレッドの広い通貨ペアのトレードも検討するかもしれない。しかし、今のままではこの種の通貨ペアにこの戦略を使うことはないだろう。

教訓２．ストップを正しく置く

教訓１で、私はダブルボリンジャーバンドを使って新しいトレンドに乗るときはストップを60ピップス離して置くと書いた。しかし、昔からずっと60ピップスにしていたわけではなく、70

ピップスにしていた時期もあった。60ピップスと70ピップスにそう変わりはないと思うかもしれないが、１ピップスでも違いはある。勝ちトレードが続いているときでも、私は毎週トレード記録を見返す。2005年の雨の日曜日、何もすることがなかった私は、負けトレードをひとつずつチャートで確認しながら、改善の余地がないか調べていた。このとき、ストップを60ピップスよりを離して置いてもうまくいかないということに初めて気がついた。60ピップス以上逆行した場合は広いストップ幅を使っていても、結局、トレードの97％がストップに達していたのである。

これが意味するところについて、もう少し考えてみよう。ダブルボリンジャーバンドを使った新トレンド戦略では通常、終値がレンジ相場から１標準偏差と２標準偏差の間へと動くと、新しいトレンドに乗ることを期待してトレードを仕掛ける。つまり、価格が60ピップス逆行すると、上昇トレンドゾーンや下降トレンドゾーンの外に出てレンジ相場に戻り、それは新しいトレンドにはならなかったことを意味している。つまり、この場合は仕掛けた根拠がなくなったため、60ピップスでも70ピップスでも関係なかったのである。それ以来、この戦略については60ピップスがストップを置く最高の位置になっている。

トレイリングストップについても、トレードをしっかりと見直す過程で私にとって最高の位置を発見した。私は、トレイリングストップはゴールに合わせて工夫して置くようにトレーダーたちに勧めている。トレーダーによって、例えば、移動平均線を上抜いたら注文を出すなどテクニカル的な理由で仕掛けたり手仕舞ったりする人もいれば、ずっとトレードを見ていられないために自動トレイリングストップを設定している人たちもいる。私は、ほとんどの戦略で最初の目標値（T1）に達したら、30ピップス離してストップを置き直し、あとは20ピップスごとに動かしていく。30ピップスあれば相場が一息ついても十分な余地があり、ニュースや短期のセンチメントの変化があって少し大きめの押しや戻りがあってもストップに引っかかる心配がない。そして、価格が順行しているときは、20ピップスごとに動かすことで利益を着実に確保することができる。マラソン選手に例えると、負けないためにはある一定の程度の距離以上に引き離されてはならない。

教訓３．ニューストレードは正しいタイミングで仕掛ける

第９章で、ニュースを材料にしたトレードについて学んだ。この戦術には、発表直後の高いボラティリティを避けるために５分間待ってマーケットがこのニュースに反応するかどうかを見極めてから仕掛けるという基本ルールがあった。このことも、私が長年トレーディングを通してマーケットを見てきたことか

ら学んだ教訓で、もし発表されたデータの重要性が十分高ければ、その反応は継続する。

経済データの反応に関しては、加ドルで面白い観察結果がある。通常、どの通貨も発表直後に反応があるのが普通であるが、加ドルの反応は少し遅い傾向がある。例えば、2010年８月11日に発表されたカナダの貿易赤字は、エコノミストの予想よりもかなり悪い数字だった。これがほかの通貨ならば、発表された直後の午前８時30分（東部標準時間）に下落するところだが、加ドルは下がらなかった。結局、発表からまるまる10分経過してから突然ドルに対して急落し始めた。そしてそれから４分後、ドル/加ドルは1.0383から1.0430まで急騰し、これはこの通貨ペアの短期の動きとしてはかなり大きかった。そのうえ次の３時間で、ドル/加ドルはさらに40ピップス上がって1.0474を付けた。このように遅い反応は、ドル/加ドルではよくあることだが、このようなパターンに気づくことができるのはマーケットを何時間も見つめ続けたトレーダーだけだろう。カナダのデータはアメリカのデータと同じ時間に発表されるため、FXトレーダーの多くが加ドルのポジションを立てる前にドルの反応を見ようとすることが、このような反応が起こる理由のひとつだと考えられている。

もし発表されるデータが良くなる（または悪くなる）という確信があるときは、数字が発表される予定時刻の20分前にポジションを立てておくこともある。私は、勝ちトレードと負けトレードを詳細に分析した結果、20分間が最善だということを発見した。20分間というのは、マーケットが発表されたデータのみにほぼ集中している短い時間をとらえているとともに、スプレッドが広がり始める時間帯よりは前になる（スプレッドは発表の５～10分前に広がり始める）。この点も、売りと買いのスプレッドが広がってコストが増えるのを避けるためには重要である。

50期間単純移動平均線を合わせて使うことも、見直しの過程で思いついた。かつて私は、非常に重要な経済データが大きく外れた場合を除くと、マーケットのセンチメントが意外性のあるデータと反対に動いたときはトレードが利益目標に達する可能性が低いことに気がついた。そこで、移動平均線を併用してみたところ、マーケット全体のセンチメントが後押ししていない弱いトレードを振り分けることができるようになった。

完璧に合わせることへの警告

自分に合った見直しを行うことで、さまざまなことを学び、トレーディングを向上させることができる。このときのコツは、失敗トレードが完璧な成功トレードとなるようなこじつけぎみの変更をしないことである。手法を変えるときは、統計的に十分な数のトレードをしたあとで（つまり、かなりたくさんのトレード）、理屈にあった部分だけを変更してほしい。

　また、見直しをするときはトレーディングをしない静かな日を選び、リラックスして理性的に改善の余地がないかと考えてみるほうがよい。もし毎週できなくても、最低１カ月に１回は試してほしい。見直しをするときには、トレードする時間、オーバーナイトや週末にポジションを保有することによる影響、トレードしている通貨ペアなどにも注目してほしい。また、勝ちトレードを手仕舞うのが早すぎたり、負けトレードの損切りが遅すぎたりしていないかも考えてみてほしい。反省と自己を向上させる努力からは必ず得るものがある。イングランドの軍人で政治家だったオリバー・クロムウェルの言葉にもあるように、「向上心を失うと、今のレベルを保つこともできなくなる」。

本章のまとめ

●すべてのトレードの記録をつけておけば、自分の何が正しくて何が正しくないのかが分かる。

●定期的に時間をとって、トレード記録を見直し、パターンを探す。記録が自分の良い点や間違っている点をピンポイントで教えてくれることに驚くだろう。

●トレード記録には、避けるべきことをメモしておく。例えば、G20が予定されている週末には雇用統計のニュースで仕掛けたトレードは持ち越さないなど。

●１回失敗したという理由で戦略を変えない。変えるときは、十分なサンプル数を集めてから判断を下す。

●最後に、トレード方法を変えるときは、理論的に意味がある変更のみにする。

第15章

Start Smart

Begin Your Currency Adventure the Right Way

賢くスタート

――FXへの冒険の旅を始めよう

次にディズニーワールドに行く機会があれば、ワールドショーケースを回って、さまざまな異文化を体験できることの素晴らしさを味わってほしい。このグローバルの時代には、同僚や顧客が外国にいることも珍しくない。そして、インターネットのおかげで、クリックひとつで世界中にEメールを送ったり、チャットをしたり、電話をしたりできる。

世界は、実際には密接につながりあう狭い所である。六次の隔たりも同じことで、この仮説によればどんな人でも6人たどればつながるという。例えば、私は知り合いを4人か5人たどればオバマ大統領に行きつくことが分かっているため、そこからのつながりを考えれば、国の首脳陣すべてに6人でたどりつくことになる。これはすごいことではないだろうか。

現代では、従来型の企業でなければ、外国の顧客や取引先がいる可能性が高く、そうなれば通貨はすでに生活の一部になっているはずである。もしそうでなくても、外国に何かを注文したり売ったりすることになるのは時間の問題だろう。世界中の人たちは、これまでもこれからも相互にかかわりながら仕事をしてきた。ドイツやシンガポールでは外国との輸出入に依存する割合が大きいため、投資家は通貨の動きをよく知っている。シンガポール人の多くは、子供をイギリスやオーストラリアやアメリカに留学させているため、FXレートの動きにはとても敏感だ。一方、アメリカは自己満足度が非常に高い国で、パスポートの取得率もイギリスの70％と比較してわずか30％にとどまっている。しかし、この傾向も、アメリカ人が海外に広がるチャンスに目覚めれば、変わっていくだろう。そして、アメリカの投資家はすでに通貨をトレーディングと投資戦略の一部に組み込み始めている。彼らは、通貨とFXレートがこの先ずっと生活の一部になっていくことに気がついているのである。

時代は変化しており、この変化を無視して取り残されていくことも、変化を受け入れて生き残っていくこともできる。国際決済銀行（BIS）の調査で、FXの出来高が2003〜2010年で2倍になったことを覚えているだろうか。このなかには、個人投資家の参加が大きな割合を占めている。投資機関やそのほかのプロの投資家はこれまで何十年も通貨をトレードしてきたが、個人にとっては、まだ比較的新しいマーケットなのである。

本書で学んできたとおり、FX市場に参加する方法はたくさんある。これからの10年の間には、さらに多くの金融商品も登場するだろう。また、世界中の監督機関がこれまで投資家のためにマーケットの安全性を高める対策を取ってきた結果、FXトレーディングの参加者は今後ますます増えていくだろう。

ITバブル崩壊や世界的な金融危機や欧州ソブリン危機から、私たちは金融危機が繰り返すということを学んだはずだ。形や規模は違っていたとしても、危機が投資家の多くにもたらす結果はほとんど変わらない。ただ、次の危機に見舞われたとき、ポートフォリオの価値が消えてなくなるのをただ眺めるのか、それともそれをコントロールするのかを選択することはできる。人生における成功の秘訣のひとつは、チャンスが訪れたときにそれをすぐにつかみ取れる準備を整えておくことにある。マーケットの仕組みはもちろん、その特有のリスクを管理する方法や、今日それをトレードする方法を学ぶことで、みんなより先を行ってほしい。

FX市場でのチャンスは、危機が訪れなくてもいつもそこにある。世界経済が回復を始め、成長段階に入ると、経済データは良い数字が続けて出てくるようになる。これも、トレーディングのチャンスであり、通貨はマーケットの悲観的な見方も楽観的な見方も反映している。

ありがたいことに、無料でFXのトレーニングや資料を提供してくれる独立系の会社やFXブローカーはたくさんある。これらを利用しない手はない。急いでFXトレーディングを始める必要はない。まずは時間をとってしっかりとFXを勉強してほしい。FX市場は昔から存在し、これから何十年先も活発に取引されているだろう。ここはぜひ時間を割いて、最初のトレードを仕掛ける前に、マーケットの仕組みをしっかりと学んでおいてほしい。

ベンジャミン・フランクリンの言葉にもあるように、「エネルギーと根気があれば何でも征服できる」。FXトレーディングに、仕事と同じ真剣さと規律を持って取り組んでいけば、自信を持って前に進んでいくことができるだろう。マーケットに関する知識、優れた戦略、堅実なマネーマネジメント、そして多少の運があれば、きっとうまくいくだろう。

■著者紹介

キャシー・リーエン（Kathy Lien）

グローバル・フューチャーズ＆フォレックス・リミテッドの一部門であるグローバル・フォレックス・トレーディング（GFT）、カレンシー・リサーチ部門のディレクター。また、ボリス・シュロスバーグと共同経営しているBKフォレックス・アドバイザーでFXシグナルも提供している。GFT入社前はデイリーFX・ドット・コムのチーフストラテジストを務め、JPモルガン・チェース時代にはクロスマーケットとFXトレーディングを担当していた。世界的に名高い通貨ストラテジストで、ファンダメンタルズ分析とテクニカル分析を合わせて使う手法に精通している。通貨トレーディングに10年以上の経験があり、CNBCアジアやスカイ・ビジネス・ニュース、CNBC、ブルームバーグ、フォックス・ビジネス、ロイターなどに出演している。また、アクティブ・トレーダー誌、フューチャーズ誌、SFO誌などに定期的に寄稿している。著作に、『FXトレーディング』『FXの小鬼たち』（いずれもパンローリング）、『デイ・トレーディング・アンド・スイング・トレーディング・ザ・カレンシー・マーケット（Day Trading and Swing Trading the Currency Market）』などがある。

■監修者紹介

長尾慎太郎（ながお・しんたろう）

東京大学工学部原子力工学科卒。日米の銀行、投資顧問会社、ヘッジファンドなどを経て、現在は大手運用会社勤務。訳書に『魔術師リンダ・ラリーの短期売買入門』『タートルズの秘密』『新マーケットの魔術師』『マーケットの魔術師【株式編】』（いずれもパンローリング、共訳）、監修に『ゲイリー・スミスの短期売買入門』『バーンスタインのデイトレード入門』『究極のトレーディングガイド』『マーケットのテクニカル秘録』『高勝率トレード学のススメ』『フルタイムトレーダー完全マニュアル』『新版　魔術師たちの心理学』『トレーディングエッジ入門』『スイングトレードの法則』『エリオット波動入門』『EVトレーダー』『ロジカルトレーダー』『タープ博士のトレード学校　ポジションサイジング入門』『フィボナッチトレーディング』『フィボナッチブレイクアウト売買法』『アルゴリズムトレーディング入門』『クオンツトレーディング入門』『イベントトレーディング入門』『スイングトレード大学』『オニールの成長株発掘法【第４版】』『コナーズの短期売買実践』『トレードの教典』『脳とトレード』など、多数。

■訳者紹介

井田京子（いだ・きょうこ）

翻訳者。主な訳書に『ワイルダーのテクニカル分析入門』『トゥモローズゴールド』『ヘッジファンドの売買技術』『投資家のためのリスクマネジメント』『トレーダーの心理学』『スペランデオのトレード実践講座』『投資苑３　スタディガイド』『マーケットの魔術師【オーストラリア編】』『トレーディングエッジ入門』『デイリートレード入門』『千年投資の公理』『EVトレーダー』『ロジカルトレーダー』『チャートで見る株式市場200年の歴史』『フィボナッチブレイクアウト売買法』（いずれもパンローリング）などがある。

2011年10月３日　初版第１刷発行

ウィザードブックシリーズ ⑱⑥

ザFX

――通貨トレーディングで儲ける基礎と応用

著　者　キャシー・リーエン
監修者　長尾慎太郎
訳　者　井田京子
発行者　後藤康徳
発行所　パンローリング株式会社
〒 160-0023　東京都新宿区西新宿 7-9-18-6F
TEL 03-5386-7391　FAX 03-5386-7393
http://www.panrolling.com/
E-mail　info@panrolling.com
編　集　エフ・ジー・アイ（Factory of Gnomic Three Monkeys Investment）合資会社
装　丁　パンローリング装丁室
組　版　パンローリング制作室
印刷·製本　株式会社シナノ

ISBN978-4-7759-7153-6

落丁・乱丁本はお取り替えします。
また、本書の全部、または一部を複写・複製・転訳載、および磁気・光記録媒体に入力することなどは、著作権法上の例外を除き禁じられています。

本文　©Kyoko Ida／図表　© PanRolling　2011 Printed in Japan

FX トレーディング関連書

FXトレーディング

著者：キャシー・リーエン

定価 本体 3,800円+税　ISBN:9784775970843

外為市場特有の「おいしい」最強の戦略が満載! テクニカルが一番よく効くFX市場!　今、もっともホットなFX市場を征服には……
本書は、初心者にもベテランにも参考になる内容が盛られている。すべてのトレーダー——とりわけデイトレーダー——が知っておくべき主要市場や各通貨に関する基本知識や特徴、さらには実際の取引戦略の基礎として使える実践的な情報が含まれている。

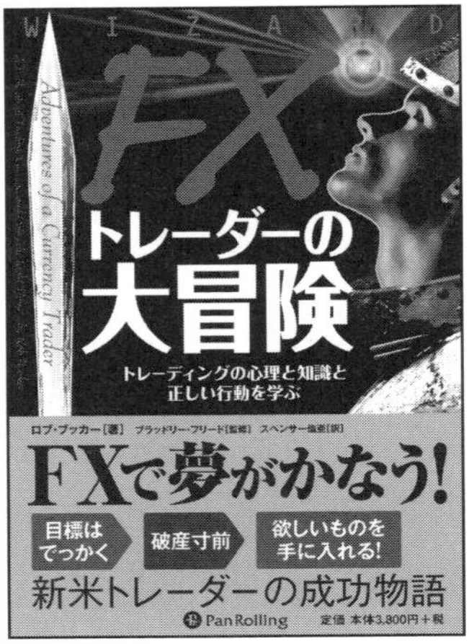

FXトレーダーの大冒険

著者：ロブ・ブッカー

定価 本体 3,800円+税　ISBN:9784775971291

エンターテインメント性を備えたトレード文学の金字塔！ 自制心の鬼となれ！ 技術的な要素と啓発的な要素を合わせ持った本書は、ほかに類を見ないFXトレードの手引書であり、この分野で成功するための確かな足がかりを読者に提供してくれる。実践のトレードと苦労を重ねることで得た知恵がたっぷりと詰まっている本書は、トレード文学の金字塔になるに違いない！

FX メタトレーダー入門

著者：豊嶋久道
定価 本体 2,800円+ 税
ISBN:9784775990636

無料なのにリアルタイムのテクニカル分析からデモ売買、指標作成、売買検証、自動売買、口座管理までできる！　高性能FXソフトを徹底紹介！

実践 FX トレーディング

著者：イゴール・トシュチャコフ
定価 本体 3,800円+ 税
ISBN:9784775970898

余計な公式や机上の数式を排除し、実証済みのメソッドとテクニックを駆使し、発想と戦術の両面から読者の取引手法を大幅に強化するFXトレード決定版！

FX の小鬼たち

著者：キャシー・リーエン、ボリス・シュロスバーグ
定価 本体 2,800円+ 税
ISBN:9784775971154

並外れたトレーダーになった12人の普通の人たちとのインタビューで、「普通のあなた」ができるウォール街のプロたちを打ち負かす方法が今、明らかになる！

魔術師に学ぶ FX トレード

著者：中原駿
定価 本体 2,800円+ 税
ISBN:9784775990704

本書では、ベテランFXトレーダーである著者が、トレンドフォローや短期ブレイクアウトなどの売買戦術で大きな成功を遂げている「魔術師」たちの運用手法をどのように解釈し、研究したか紹介している。

マーケットの魔術師シリーズ

ウィザードブックシリーズ19
マーケットの魔術師
著者：ジャック・D・シュワッガー

オーディオブックも絶賛発売中!!

定価 本体2,800円＋税　ISBN:9784939103407

【いつ読んでも発見がある】
トレーダー・投資家は、そのとき、その成長過程で、さまざまな悩みや問題意識を抱えているもの。本書はその答えの糸口を「常に」提示してくれる「トレーダーのバイブル」だ。「本書を読まずして、投資をすることなかれ」とは世界的トレーダーたちが口をそろえて言う「投資業界の常識」だ！

ウィザードブックシリーズ13
新マーケットの魔術師
著者：ジャック・D・シュワッガー

オーディオブックも絶賛発売中!!

定価 本体2,800円＋税　ISBN:9784939103346

【世にこれほどすごいヤツらがいるのか!!】
株式、先物、為替、オプション、それぞれの市場で勝ち続けている魔術師たちが、成功の秘訣を語る。またトレード・投資の本質である「心理」をはじめ、勝者の条件について鋭い分析がなされている。関心のあるトレーダー・投資家から読み始めてかまわない。自分のスタイルづくりに役立ててほしい。

ウィザードブックシリーズ 14
マーケットの魔術師 株式編《増補版》
著者：ジャック・D・シュワッガー
定価 本体2,800円＋税　ISBN:9784775970232

投資家待望のシリーズ第三弾、フォローアップインタビューを加えて新登場!!　90年代の米株の上げ相場でとてつもないリターンをたたき出した新世代の「魔術師＝ウィザード」たち。彼らは、その後の下落局面でも、その称号にふさわしい成果を残しているのだろうか？

◎アート・コリンズ著 マーケットの魔術師シリーズ

ウィザードブックシリーズ 90
マーケットの魔術師 システムトレーダー編
オーディオブックも絶賛発売中!!
著者：アート・コリンズ
定価 本体2,800円＋税　ISBN:9784775970522

システムトレードで市場に勝っている職人たちが明かす機械的売買のすべて。相場分析から発見した優位性を最大限に発揮するため、どのようなシステムを構築しているのだろうか？　14人の傑出したトレーダーたちから、システムトレードに対する正しい姿勢を学ぼう！

ウィザードブックシリーズ 111
マーケットの魔術師 大損失編
著者：アート・コリンズ
定価 本体2,800円＋税　ISBN:9784775970775
オーディオブックも絶賛発売中!!

スーパートレーダーたちはいかにして危機を脱したか？　局地的な損失はトレーダーならだれでも経験する不可避なもの。また人間のすることである以上、ミスはつきものだ。35人のスーパートレーダーたちは、窮地に立ったときどのように取り組み、対処したのだろうか？

関連DVD

DVD 松田哲のFX相場で勝つトレンドの見方セミナー

講師：松田哲

定価 本体各 2,800円+税　ISBN:9784775962473

「FXで稼ぐ人はなぜ「1勝9敗」でも勝つのか？」「FXの教科書」他多数の著書を持ち、20年以上、世界の相場で戦ってきた松田哲が、自身プロデュースによるセミナーを実施した。このセミナーでは、初の試みに『松田哲と一緒に、チャートにラインを引いてみよう』というコンセプトを採用。実際の為替相場の値動きを見ながら、今後の対応策を提示している。

DVD FX短期トレードテクニックの極意

講師：鈴木隆一

定価 本体 3,800円+税　ISBN:9784775962770

本DVDでは、市場の先を読むのではなく、テクニカル分析により勝てるパターンを決め、短期トレードで小さな利益を数多く積み上げるための、普遍的に欠かせない特徴を分かりやすく解説する。
本DVDはFXを試行錯誤している初心者の方だけではなく、中上級者も導入できる素晴らしいヒントが散見できるだろう。

DVD 8億円稼いだ池辺流 FXトレードのススメ

講師：池辺雪子
定価 本体5,800円＋税
ISBN:9784775963043

本DVDを視聴することによって、池辺氏がいかにしてFXで8億円以上稼ぐことができたのかのプロセスの導入部分を知るコトが出来るだろう。

DVD トレンドフォロー戦略とブッカーバンドの逆張り手法

講師：ロブ・ブッカー
定価 本体 4,800円＋税　ISBN:9784775963081

本DVDでは、この戦略のトレードにおけるエントリーとエグジットのルールを詳細に説明し、バックテストの方法、手法を開発したときに使用したデータ、実際のトレード実績もお見せします。

DVD メタトレーダー4 徹底活用入門

講師：鈴木隆一
定価 本体 3,800円＋税　ISBN:9784775962817

無料なのにリアルタイムのテクニカル分析からデモ売買、指標作成、売買検証、自動売買、口座管理までできる!うわさの高性能オールインワンFXソフトを、今度はDVDで分かりやすく徹底紹介!!

DVD 三沢流デイトレード実践取引講座　前・後編

講師：三沢誠　定価 本体 前：2,800円＋税　後 3,800円＋税
ISBN: 前：9784775962886　後：9784775962893

安値・高値狙い戦略を駆使して手堅く稼ぐ!!
大手外銀で長年にわたってトップディーラーとして活躍した三沢誠氏が、その経験やノウハウ、知識の集大成をDVD化しました！

関連書&DVD

DVD メタトレーダー4 徹底活用入門

講師：鈴木隆一

定価 本体各 3,800円+税　ISBN:9784775962817

【カスタマイズも自由自在！　無料で使える高機能リアルタイムチャートソフト】
無料なのにリアルタイムのテクニカル分析からデモ売買、指標作成、売買検証、自動売買、口座管理までできる!　うわさの高性能オールインワンFXソフトを、今度はDVDで分かりやすく徹底紹介!!

DVD ニンジャトレーダー入門 実践編

講師：兼平勝啓

定価 本体 2,800円+税　ISBN:9784775962831

米欧で人気の多機能売買ソフト「ニンジャトレーダー」を、DVDで徹底解説！！
投資家にとって成功する秘訣があるのであるとすれば、その秘訣の一つとして、自らに合ったマーケット及び銘柄を見つけることがあげられると考えております。
このDVDにてさらにNinjaTraderについて習熟して、海外マーケットへの足がかりにしていただければと幸いです。

DVD トレンドフォロー戦略とブッカーバンドの逆張り手法

講師：ロブ・ブッカー
定価 本体 4,800円＋税　ISBN:9784775963081

本DVDでは、この戦略のトレードにおけるエントリーとエグジットのルールを詳細に説明し、バックテストの方法、手法を開発したときに使用したデータ、実際のトレード実績もお見せします。

DVD 常勝トレーダーへの道 相場の型とサイクル

講師：杉田勝
定価 本体 3,800円＋税　ISBN:9784775962978

すべての事象は、ある一定の法則に従ったサイクルで支配されている。杉田サイクル理論の考え方の基本と実践を易しく解説。

ニンジャトレーダー入門

著者:兼平勝啓
定価 本体 2,800円+ 税
ISBN:9784775990810

本書の目的は、英語の壁をできるだけ取り除き、ニンジャトレーダーの魅力を紹介することにある。基本動作にさえ慣れてしまえば、英単語は単なる記号でしかない。

DVD チャートギャラリーで今日から動く日本株売買システム

講師：徃住啓一
定価 本体 10,000円＋税　ISBN:9784775962527

マウスと数字だけで簡単に売買システム作成
プログラミングの知識は必要なし
個別株4000銘柄で30年間通用するシンプルな短期売買ルールとは！？

トレード基礎理論の決定版!!

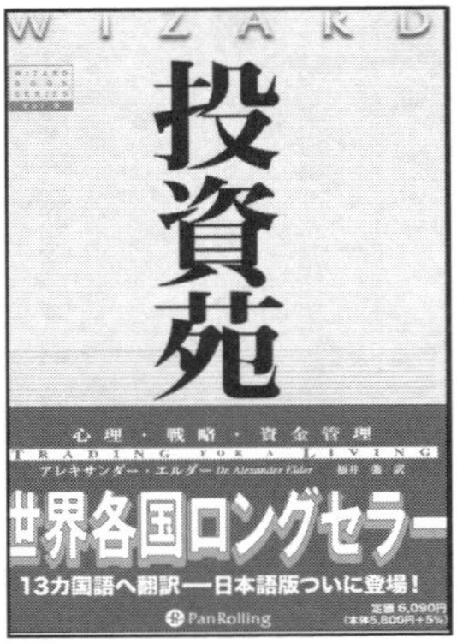

ウィザードブックシリーズ 9

投資苑

定価 本体 5,800円＋税　ISBN:9784939103285

【トレーダーの心技体とは？】
それは３つのM「Mind=心理」「Method=手法」「Money=資金管理」であると、著者のエルダー医学博士は説く。そして「ちょうど三脚のように、どのMも欠かすことはできない」と強調する。本書は、その３つのMをバランス良く、やさしく解説したトレード基本書の決定版だ。世界13カ国で翻訳され、各国で超ロングセラーを記録し続けるトレーダーを志望する者は必読の書である。

ウィザードブックシリーズ 50

投資苑がわかる203問

定価 本体 2,800円＋税　ISBN:978775970119

DVD 投資苑

～アレキサンダー・エルダー博士の超テクニカル分析～

定価 本体50,000円＋税　ISBN：9784775961346

■プログラム

1)概論
トレードの心理学
テクニカル分析とは
システムのデザイン
記録の保持
リスク制御
資金管理
2)成功を阻む3つの障壁
手数料
スリッページ
経費
3)心理学
個人と大衆の市場心理
4)4種類の分析アプローチ
A)インサイダー情報
B)ファンダメンタル分析
C)テクニカル分析
D)直感
5)価格とは？
価格は取引の瞬間に示されていた価値感の一致である。
6)移動平均～バリュートレードvs大バカ理論トレード
7)利食いの道具：エンベロープ(包絡線)でトレードを格付け
8)MACD線、MACDヒストグラム、勢力指数
9)時間～因数「5」
10)ダイバージェンス(乖離)とカンガルーテールズ(カンガルーの尻尾)
11)資金管理と売買規律
A)2%ルール
B)6%ルール
12)記録の保持
13)意思決定プロセスの開発
14)まとめ

ウィザードブックシリーズ 56

投資苑 2

定価 本体5,800円＋税
ISBN：9784775970171

『投資苑』の読者にさらに知識を広げてもらおうと、エルダー博士が自身のトレーディングルームを開放。自らの手法を惜しげもなく公開している。世界に絶賛された「３段式売買システム」の威力を堪能してほしい。

ウィザードブックシリーズ 120

投資苑 3

定価 本体7,800円＋税
ISBN：9784775970867

「成功しているトレーダーはどんな考えで仕掛け、なぜそこで手仕舞ったのか！」――16人のトレーダーたちの売買譜！

ウィザードブックシリーズ 57

投資苑 2 Q&A

定価 本体5,800円＋税
ISBN：9784775970188

『投資苑2』で紹介した手法や技法を習得するには、実際の売買で何回も試す必要があるだろう。そこで、この問題が役に立つ。あらかじめ洞察を深めておけば、いたずらに資金を浪費することを避けられるからだ。

ウィザードブックシリーズ 121

投資苑 3 スタディガイド

定価 本体2,800円＋税
ISBN：9784775970874

マーケットを征服するための101問！
資金をリスクにさらす前にトレード知識の穴を見つけ、それを埋めよう！

心の鍛錬はトレード成功への大きなカギ！

ウィザードブックシリーズ32

ゾーン　相場心理学入門

著者：マーク・ダグラス

オーディオブックも絶賛発売中!!

定価 本体 2,800円＋税　ISBN:9784939103575

【己を知れば百戦危うからず】
恐怖心ゼロ、悩みゼロで、結果は気にせず、淡々と直感的に行動し、反応し、ただそ の瞬間に「するだけ」の境地、つまり「ゾーン」に達した者こそが勝つ投資家になる！　さて、その方法とは？　世界中のトレード業界で一大センセーションを巻き起こした相場心理の名作が究極の相場心理を伝授する！

ウィザードブックシリーズ114

規律とトレーダー

著者：マーク・ダグラス

オーディオブックも絶賛発売中!!

定価 本体 2,800 円＋税　ISBN:9784775970805

【トレーダーとしての成功に不可欠】
「仏作って魂入れず」――どんなに努力して素晴らしい売買戦略をつくり上げても、心のあり方が「なっていなければ」成功は難しいだろう。つまり、心の世界をコントロールできるトレーダーこそ、相場の世界で勝者となれるのだ！　『ゾーン』愛読者の熱心なリクエストにお応えして急遽刊行！

ウィザードブックシリーズ 107

トレーダーの心理学

トレーディングコーチが伝授する達人への道

著者：アリ・キエフ
定価 本体 2,800 円＋税　ISBN:9784775970737

高名な心理学者でもあるアリ・キエフ博士がトップトレーダーの心理的な法則と戦略を検証。トレーダーが自らの潜在能力を引き出し、目標を達成させるアプローチを紹介する。

ウィザードブックシリーズ 124

NLP トレーディング

投資心理を鍛える究極トレーニング

オーディオブックも絶賛発売中!!

著者：エイドリアン・ラリス・トグライ
定価 本体 3,200 円＋税　ISBN:9784775970904

NLPは「神経言語プログラミング」の略。この最先端の心理学を利用して勝者の思考術をモデル化し、トレーダーとして成功を極めるために必要な「自己管理能力」を高めようというのが本書の趣旨である。

ウィザードブックシリーズ 126

トレーダーの精神分析

自分を理解し、自分だけのエッジを見つけた者だけが成功できる

著者：ブレット・N・スティーンバーガー
定価 本体 2,800 円＋税　ISBN:9784775970911

トレードとはパフォーマンスを競うスポーツのようなものである。トレーダーは自分の強み（エッジ）を見つけ、生かさなければならない。そのために求められるのが「強靭な精神力」なのだ。

相場で負けたときに読む本　～真理編～

オーディオブックも絶賛発売中!!

著者：山口祐介
定価 本体 1,500 円＋税　ISBN:9784775990469

なぜ勝者は「負けても」勝っているのか？ なぜ敗者は「勝っても」負けているのか？ 10年以上勝ち続けてきた現役トレーダーが相場の“真理”を詩的に表現。

※投資心理といえば『投資苑』も必見!!

Audio Book　Pan Rolling　オーディオブックシリーズ

規律とトレーダー

マーク・ダグラス
パンローリング　約 440 分
DL 版 3,000 円 (税込)
CD 版 3,990 円 (税込)

常識を捨てろ！　手法や戦略よりも規律と心を磨け！　相場の世界での一般常識は百害あって一利なし！　ロングセラー『ゾーン』の著者の名著がついにオーディオ化!!

ゾーン

相場心理学入門

マーク・ダグラス
パンローリング　約 530 分
DL 版 3,000 円 (税込)
CD 版 3,990 円 (税込)

待望のオーディオブック新発売!!　恐怖心ゼロ、悩みゼロで、結果は気にせず、淡々と直感的に行動し、反応し、ただその瞬間に「するだけ」の境地、つまり、「ゾーン」に達した者が勝つ投資家になる！

その他の売れ筋

バビロンの大富豪

「繁栄と富と幸福」はいかにして築かれるのか

ジョージ・S・クレイソン
パンローリング　約 400 分
DL 版 2,200 円 (税込)
CD 版 2,940 円 (税込)

不滅の名著！　人生の指針と勇気を与えてくれる「黄金の知恵」と感動のストーリー！

新マーケットの魔術師

ジャック・D・シュワッガー
パンローリング約 1286 分
各章 3,400 円 (税込)

ロングセラー「新マーケットの魔術師」（パンローリング刊）のオーディオブック!!

マーケットの魔術師

ジャック・D・シュワッガー
パンローリング　約 1075 分
各章 2,800 円 (税込)

――米トップトレーダーが語る成功の秘訣――
世界中から絶賛されたあの名著がオーディオブックで登場！

マーケットの魔術師
システムトレーダー編

アート・コリンズ
パンローリング約 760 分
DL 版 5,000 円 (税込)
CD-R 版 6,090 円 (税込)

市場に勝った男たちが明かすメカニカルトレーディングのすべて

私は株で 200 万ドル儲けた

ニコラス・ダーバス
パンローリング約 306 分
DL 版 1,200 円 (税込)
CD-R 版 2,415 円 (税込)

営業マンの「うまい話」で損をしたトレーダーが、自らの意思とスタイルを貫いて 巨万の富を築くまで――

孤高の相場師
リバモア流投機術

ジェシー・ローリストン・リバモア
パンローリング約 161 分
DL 版 1,500 円 (税込)
CD-R 版 2,415 円 (税込)

アメリカ屈指の投資家ウィリアム・オニールの教本！　稀代の相場師が自ら書き残した投機の聖典がついに明らかに！

マーケットの魔術師～日出る国の勝者たち～

Vo.01 ～ Vo.43 続々発売中 !!　インタビュアー：清水昭男

Vo.22 今からでも遅くない資産計画：品格ある投資家であるためのライフプラン／岡本和久
Vo.23 ゴキゲンで買い向かう暴落相場：長期投資にある余裕のロジック／澤上篤人
Vo.24 他人任せにしない私の資産形成：FXで開眼したトレーディングの極意／山根亜希子
Vo.25 経済紙を読んでも勝てない相場：継続で勝利するシステム・トレーディング／岩本祐介
Vo.26 生きるテーマと目標達成：昨日より成長した自分を積み重ねる日々／米田隆
Vo.27 オプション取引：その極意と戦略のロジック／増田丞美
Vo.28 ロハスな視点：人生の目標と投資が交差する場所／田中久美子
Vo.29 過渡期相場の企業決算：生き残り銘柄の決算報告書／平林亮子
Vo.30 投資戦略と相場の潮流：大口資金の潮流カレンダーを押さえろ／大岩川源太
Vo.31 意外とすごい サラリーマン投資家／平田啓
Vo.32 テクニカル＋α：相場心理を映すシステムトレードの極意／一角太郎
Vo.33 底打ち宣言後の相場展開：国際的な視線で乗り越えろ！／不動修太郎
Vo.34 主要戦略の交差点：トレンドを知り、タイミングを知る！／鈴木隆一
Vo.35 月額5000円からの長期投資：複利と時間を味方に付けた資産構築／中野晴啓
Vo.36 ワンランク上のFX：創成期の為替ディーリングと修羅場から体得したもの／三沢誠
Vo.37 相場のカギ2010年：産業構造の変化と相場の頭打ち／青柳孝直
Vo.38 FX取引の魅力：買い個人投資家と自己責任／林康史
Vo.39 杉田流タートルズ：日本のFXを救え!!!／杉田勝
Vo.40 FXと恋愛普及で投資家を救え!!!／池田ゆい
Vo.41 負けない、楽しい、長く付き合えるFX／西原宏一
Vo.42 FX投資とプロの視点／YEN 蔵
Vo.43 相場の虚実と狭窄／矢口新

Chart Gallery 4.0 for Windows

パンローリング相場アプリケーション
チャートギャラリー
Established Methods for Every Speculation

成績検証機能つき

最強の投資環境

●価格（税込）
チャートギャラリー 4.0

エキスパート	147,000 円
プロ	84,000 円
スタンダード	29,400 円

お得なアップグレード版もあります
www.panrolling.com/pansoft/chtgal/

チャートギャラリーの特色

1.豊富な指標と柔軟な設定
指標をいくつでも重ね書き可能

2.十分な過去データ
最長約30年分の日足データを用意

3.日々のデータは無料配信
わずか3分以内で最新データに更新

4.週足、月足、年足を表示
日足に加え長期売買に役立ちます

5.銘柄群
注目銘柄を一覧表にでき、ボタン１つで切り替え

6.安心のサポート体勢
電子メールのご質問に無料でお答え

7.独自システム開発の支援
高速のデータベースを簡単に使えます

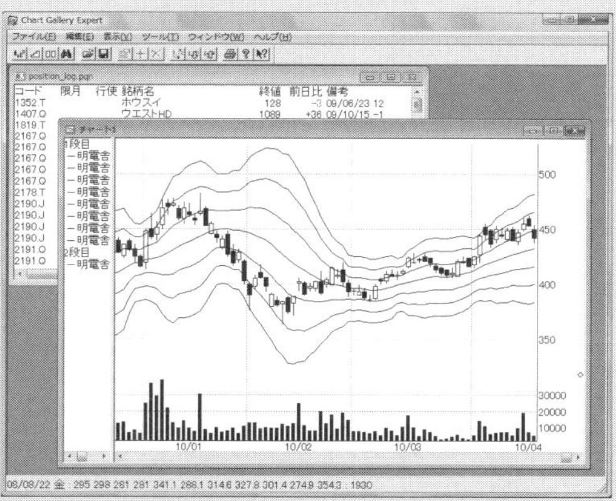

チャートギャラリー　エキスパート・プロの特色

1.検索条件の成績検証機能［エキスパート］
2.強力な銘柄検索（スクリーニング）機能
3.日経225先物、日経225オプション対応
4.米国主要株式のデータの提供

検索条件の成績検証機能［Expert］

指定した検索条件で売買した場合にどれくらいの利益が上がるか、全銘柄に対して成績を検証します。検索条件をそのまま検証できるので、よい売買法を思い付いたらその場でテスト、機能するものはそのまま毎日検索、というように作業にむだがありません。
表計算ソフトや面倒なプログラミングは不要です。マウスと数字キーだけであなただけの売買システムを作れます。利益額や合計だけでなく、最大引かされ幅や損益曲線なども表示するので、アイデアが長い間安定して使えそうかを見積もれます。

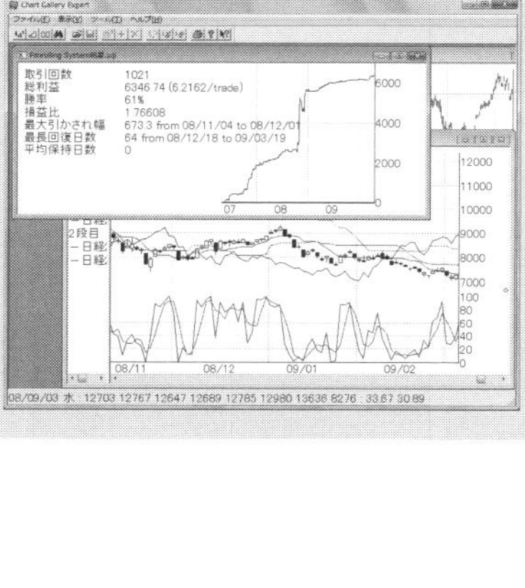

がんばる投資家の強い味方　Traders Shop

http://www.tradersshop.com/

24時間オープンの投資家専門店です。

パンローリングの通信販売サイト**「トレーダーズショップ」**は、個人投資家のためのお役立ちサイト。書籍やビデオ、道具、セミナーなど、投資に役立つものがなんでも揃うコンビニエンスストアです。

他店では、入手困難な商品が手に入ります!!

- ●投資セミナー
- ●一目均衡表 原書
- ●相場ソフトウェア　チャートギャラリーなど多数
- ●相場予測レポート　フォーキャストなど多数
- ●セミナーDVD
- ●オーディオブック

ここでしか入手できないモノがある

さあ、成功のためにがんばる投資家はいますぐアクセスしよう！

トレーダーズショップ 無料 メールマガジン

●無料メールマガジン登録画面

トレーダーズショップをご利用いただいた皆様に、**お得なプレゼント**、今後の**新刊情報**、著者の方々が書かれた**コラム**、**人気ランキング**、ソフトウェアのバージョンアップ情報、そのほか投資に関するちょっとした情報などを定期的にお届けしています。

まずはこちらの
「無料メールマガジン」
からご登録ください!
または info@tradersshop.com まで。

パンローリング株式会社
お問い合わせは
〒160-0023 東京都新宿区西新宿7-9-18-6F
Tel：03-5386-7391　Fax：03-5386-7393
http://www.panrolling.com/
E-Mail　info@panrolling.com

携帯版